Ulrich Hoffmann

Das ultimative
Wochenend-Buch

Die 70 genialsten Projekte
für Jungs und ihre Väter

Ravensburger Buchverlag

Als Ravensburger Taschenbuch
Band 53133
erschienen 2015

Für Felix und für Carlos

1 2 3 4   D C B A

Gekürzte Lizenzausgabe
mit freundlicher Genehmigung der Verlag Friedrich Oetinger GmbH
© 2013 Verlag Friedrich Oetinger GmbH, Hamburg
Alle Rechte vorbehalten
© Text: Ulrich Hoffmann
© Umschlag- und Innenillustrationen: Monika Parciak
Alle Rechte dieser Ausgabe vorbehalten durch
Ravensburger Buchverlag Otto Maier GmbH
Postfach 18 60, 88188 Ravensburg
Printed in Germany
ISBN 978-3-473-53133-2

www.ravensburger.de

Vorwort für Jungs

Jungs, nur damit das klar ist: Eure Väter sind eure Väter, um mit euch durch dick und dünn zu gehen, euch tausend Dinge zu erklären und jede Menge Mist mit euch zu bauen! Was wären sie denn sonst für Waschlappen? Blättert also drauflos, sucht euch die spannendsten Aktionen aus, die ihr gern zusammen mit Papa machen wollt, und drückt ihm das aufgeschlagene Buch in die Hand!

Vorwort für Väter

Väter, erhebt euch! Von der Couch, aus dem Chefsessel – fix, hoch mit euch! Eure Söhne warten nicht, sie werden schneller erwachsen, als ihr gucken könnt, notfalls auch im Alleingang …

Quality time ist das neue Schlagwort – es steht für die Zeit, in der man seinen Liebsten besondere Aufmerksamkeit schenkt. Zweisamkeit ist angesagt: gemeinsames Spielen, Spaziergänge, Gespräche, zusammen kochen … Doch kann man abenteuerlustige Jungs wirklich mit solch gediegenen Aktivitäten begeistern? Die Frage ist also, wie. Und wann!

Klar, Zeit ist Mangelware. Doch auch wenn unter der Woche kaum eine freie Minute für den Sohnemann bleibt – ein oder zwei Stündchen pro Wochenende müssen doch drin sein! Fangt klein an, mit einem Miniprojekt zu zweit.

Und was genau könntet ihr dann zusammen anstellen? Das kommt ganz darauf an, worauf ihr Lust habt. Denn spannende Aktionen gibt es jede Menge … (sogar so viele, dass man ein ganzes Buch damit füllen kann!).

Seid ihr Draufgänger, Freigeister, Tüftler oder Genießer? Seid ihr zwei euch ähnlich, oder tickt ihr beide komplett verschieden? Vielleicht werdet ihr an ganz unterschiedlichen Dingen Spaß haben: bei der Übernachtung unter freiem Himmel, beim Drachensteigenlassen, Pfützenwettspringen und Baumklettern. Oder beim Basteln an der Werkbank, beim Löten verrückter Elektrokonstruktionen und Aushecken lustiger Streiche. Vielleicht entdeckt ihr aber auch ganz unerwartete Gemeinsamkeiten und könnt euch gegenseitig für eure Interessen begeistern.

Doch was genau ihr im Einzelnen macht, ist gar nicht so entscheidend. Besonders eindrucksvolle Erfahrungen entstehen oft in den kleinen, unerwarteten Momenten. Man kann sie nicht planen, sondern nur anstupsen!

Also: Tut euch zusammen, blättert munter drauflos, entscheidet euch für eine spannende Aktion und auf geht's! Ganz sicher werdet ihr eine Menge Spaß haben und viele spannende Dinge von-, über und miteinander lernen. Das Allerwichtigste daran ist und bleibt aber, dass es **eure Zeit zu zweit** ist: Zwei allein gegen den Rest der Welt – Mütter und Geschwister sind nicht (oder nur in Ausnahmefällen) zugelassen!

So benutzt ihr euer Wochenend-Buch

Das Buch ist in acht Kapitel unterteilt: Von kleinen und großen Abenteuertrips über Bau- und Basteltipps, Aktionen für zu Hause, Technikkram, spannende Experimente und Erfindungen, jede Menge sportliche Aktivitäten und lustige Scherze bis hin zu originellen Rezepten zum Selberkochen ist für jeden etwas dabei.

Mithilfe der folgenden Symbole könnt ihr euch ganz einfach einen Überblick über den Zeitaufwand, Schwierigkeitsgrad und die Kosten jeder Aktion verschaffen.

Dauer

 = ein bis zwei Stündchen

 = etwa ein halber Tag

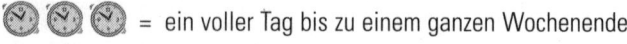 = ein voller Tag bis zu einem ganzen Wochenende

Schwierigkeit

= kinderleicht

= für Fortgeschrittene

= nur für eingespielte Vater-Sohn-Gespanne!

Kosten

 = für Sparfüchse

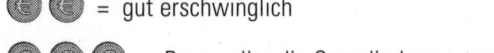 = gut erschwinglich

 = Papa sollte die Spendierhosen tragen!

Außerdem verraten die Symbole bei den Anleitungen, um was für eine Art von Aktion es sich handelt:

 Basteln

 Bauen und Tüfteln

 Kochen, Backen und Mixen

Tipps, Tricks und Spielregeln

Warnhinweis & Haftungsausschluss

Das Leben ist hart und gefährlich. Manche der Aktionen in diesem Buch bergen Risiken. Der Verlag weist daher ausdrücklich darauf hin, dass zwar alle Vorschläge gründlich überprüft wurden, aber keinerlei Haftung für Schäden gleich welcher Art übernommen werden können.

Kapitelübersicht

Kleine und große Abenteuertrips 10

Bau- und Bastelaction 32

Indoor-Spaß 74

Cooler Technikkram 106

Experimente und Erfindungen 122

Sport, Sport, Sport 144

Jede Menge Mist bauen 176

Kochen und Naschen 202

Kleine und große Abenteuertrips

Auf den Spuren Tom Sawyers

Schippert auf einem Floß den Fluss entlang

Stellt euch vor, ihr seid auf einer einsamen Insel gestrandet. Oder ihr lasst euch wie in den Abenteuern von Tom Sawyer und Huckleberry Finn den Fluss abwärtstreiben. Was ihr dafür braucht? Genau, ein Floß! Und es ist gar nicht so schwierig, eines zu bauen.

So geht's:

Ein Holzfloß schwimmt, weil Holz leichter ist als Wasser. Wenn ihr mehrere Stämme oder Bretter miteinander verbindet, entsteht eine Fläche, die noch viel mehr Auftrieb hat als ein einzelnes Holzstück – und auf der ihr sogar einigermaßen trocken bleibt!

Wenn ihr ein paar lange Latten rumliegen habt, aus denen ihr ein Deck von mindestens 1,5×1,5 m zusammenkloppen könnt, seid ihr schon startbereit. (Falls nicht, könnt ihr bei einer Tischlerei nachfragen, ob sie noch Holzreste für euch übrig hat. Oder ihr schaut mal bei einem Wertstoffhof vorbei.) Zwei, drei quer unter das Floß genagelte Latten halten die Sache zusammen. Stabiler und flotter wird euer Floß, wenn ihr noch einige leere Kunststoffflaschen oder gar -fässer darunterbindet.

Nun braucht ihr nur noch einen langen Stecken, um euch abzustoßen, und einen Fluss mit langsamer Strömung (bei schneller Strömung kentert man rasch, ganz ohne bleibt ihr jedoch andauernd stecken und kommt nicht voran).

Ach ja – alle Beteiligten sollten natürlich gut schwimmen können und vorsichtshalber Handys und andere elektronische Geräte zu Hause lassen.

Gute Fahrt ins große Abenteuer!

Was ihr dazu braucht:

- Etwa 20 Holzlatten: ca. 15×150 cm, 2–4 cm dick
- 80–100 Holznägel
- Holzstecken zum Abstoßen
- Kunststoffflaschen oder -fässer
- Hammer (am besten gleich 2, dann könnt ihr zusammen draufloshämmern)

Hänsel und Daddy verliefen sich im Wald

Baut euch einen Kompass

Sich im Wald zu verlaufen, kann ganz schön gefährlich werden
(siehe Hänsel und Gretel!). Es kann aber auch einfach nur
spannend sein und Riesenspaß machen. Denn anders als Gretel
und Co. könnt ihr euch ja selber einen Kompass bauen und müsst
nicht in irgendeinem düsteren Hexenhäuschen übernachten.
Also ab in den Wald mit euch! Aber vergesst nicht, die passende
Ausrüstung dabeizuhaben.

Einen Kompass zu bauen ist einfach. Spannend wird ein solches Gerät
jedoch erst dann, wenn man in der Pampa herumirrt und nicht mehr
nach Hause findet. Rüstet euch also für ein kleines Abenteuer und
zieht zu Fuß oder mit dem Auto los in den tiefen, dunklen Wald!
Dort angekommen, müsst ihr nur noch blindlings drauflosmarschieren:
Nehmt mindestens eine halbe Stunde lang wild und ziellos irgend-
welche Abzweigungen oder prescht direkt durchs Unterholz. Wenn ihr
komplett verloren seid, könnt ihr Pfadfinder spielen und mit dem Kompass den Weg nach Hause aufspüren. Die Sache hat nur einen Haken:
Natürlich verändern sich die Himmelsrichtungen je nach Standort.
Norden bleibt also nicht immer nördlich und Süden nicht immer südlich, vielmehr kann der Süden etwas weiter südlich auf einmal zum

Norden werden und so weiter … Daher ist es von Vorteil, wenn man sich ein Waldstück aussucht, in dem sich zumindest die Väter ein Stück weit auskennen und orientieren können. Ist euer Wald kein absolut unberührtes Stück Natur, könnt ihr euch zwischendurch auch anhand der Wegekarten orientieren, die meist auch die Himmelsrichtungen anzeigen.

So geht's:

Für euren Kompass biegt ihr euch einfach eine Büroklammer (oder Haarnadel) gerade. Streicht dann mit dem Magnet 30-mal in nur eine Richtung über die Büroklammer, um sie zu magnetisieren. Klebt einen kurzen Streifen Klebeband längs auf die Klammer und von der anderen Seite einen zweiten Streifen dagegen. Füllt danach einen Becher mit Wasser und legt die Büroklammer auf die Wasseroberfläche – die „Kompassnadel" zeigt nach Norden (und Süden). Die Himmelsrichtungen (N + S) könnt ihr mit einem wasserfesten Marker auf dem Klebeband markieren.

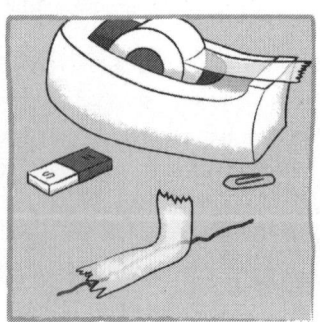

Nun müsst ihr die Sonne anvisieren. Dies funktioniert am besten über das Zifferblatt einer Armbanduhr, indem ihr den Stundenzeiger auf die Sonne ausrichtet (bitte nie direkt in die Sonne gucken, das schadet den Augen!). Mittig zwischen der aktuellen Stunde und der 12 ist

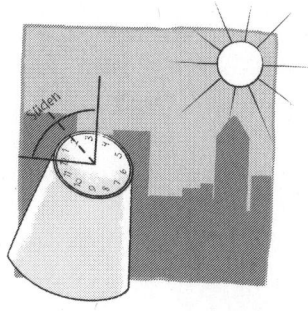

Süden. Habt ihr keine Armbanduhr mit Zifferblatt zur Hand? Dann malt eine Uhr ohne Zeiger (die Zahlen von 1 bis 12 im Kreis angeordnet) auf ein Blatt Papier, den Boden des Plastikbechers oder notfalls auf den Handrücken. Wichtig: In der Sommerzeit müsst ihr die 12 durch die 1 ersetzen. Und: Auf der Südhalbkugel muss die 12 auf die Sonne gerichtet werden, und zwischen der 12 und der aktuellen Stunde befindet sich der Norden.

Steckt nun einen Stock in den Boden und markiert die Schattenspitze mit einem Kiesel. Nach 15 Minuten könnt ihr die Spitze des gewanderten Schattens mit einem zweiten Kiesel markieren. Nun braucht ihr nur noch eine gerade Linie durch die beiden Kieselmarkierungen zie-

hen: Dies ist die Ost-West-Linie. Wenn ihr mit dem linken Fuß auf die erste Markierung tretet und mit dem rechten auf die zweite, dann schaut ihr direkt nach Norden.

Noch spannender ist eine Nachtwanderung mit Kompass. Wenn die

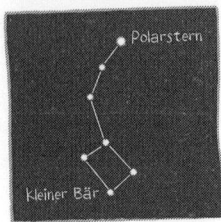

Sonne untergegangen ist, könnt ihr euch an den Sternen orientieren: Der Polarstern ist der hellste Stern im Sternbild „Kleiner Bär" bzw. „Kleiner Wagen", er bildet das Ende der „Deichsel" und markiert (auf der Nordhalbkugel der Erde) die Nordrichtung.

Okay, nun wisst ihr, wo Norden ist und damit auch, wo's ab in den Süden, Osten und Westen geht. Zur Erinnerung hilft ein kleiner Merkspruch: **N**ie **O**hne **S**eife **W**aschen – anhand der Anfangsbuchstaben könnt ihr euch die Lage der vier Himmelsrichtungen im Uhrzeigersinn einprägen. So findet ihr mit eurem selbst gebauten Kompass (und eventuell auch mithilfe der Wegschilder im Wald) mühelos zurück zum Parkplatz oder nach Hause. Und schon seid ihr gekonnte Pfadfinder!

Was ihr dazu braucht:
- Magnet
- Büroklammer
- Styropor- oder Plastikbecher
- Wasser
- Durchsichtiges Klebeband (z. B. Tesafilm)
- Wasserfesten Marker

Erklimmt einen Riesenkletterbaum

Wer träumt nicht davon, mal ganz hoch hinauszukommen? Ganz fix geht das mit einem Kletterbaum. Wenn er ausreichend kräftig gewachsen ist, könnt ihr auch beide gemeinsam hochklettern – und einander die besten Klettertipps geben!

Natürlich kann beim Klettern in einem Kletterbaum ganz schön viel passieren – von blauen Flecken über Schürfwunden bis hin zu einem gebrochenen Arm. Doch wahre Abenteurer hält das alles nicht am Boden. Und mit ein paar Schrammen hat man wenigstens am Montag in der Schule was zu erzählen! Doch um es bei kleineren Kratzern zu belassen und keinen Arm- oder Beinbruch zu riskieren, empfiehlt es sich, die Risiken anfangs gemeinsam auszutarieren: Bis zu welchem Ast kann man problemlos klettern, ab welcher Höhe wird es wirklich riskant?

Glücklich kann sich schätzen, wer einen Kletterbaum im eigenen Garten (oder dem der netten Nachbarn) hat. Und woran erkennt man einen gut geeigneten Baum? Man kommt ohne zusätzliche Hilfsmittel hinein und hinauf – und auch wieder herunter. Die Äste sind stabil, setzen weit genug unten an („Niederstamm") und folgen in dichtem

Abstand aufeinander. Sie verzweigen sich vielfach und bieten so reichlich Aufstiegs- und Aussichtsmöglichkeiten. Gut geeignet sind Obstbäume, Weiden, aber auch andere Laubbäume wie Ahorn, Buche, Eiche, Kastanie oder Walnuss. Häufig sind ausladende Solitäre, z. B. mitten auf einer Wiese im Stadtpark, traumhafte Kandidaten. Tannen, deren Äste leicht nach unten hängen, sind zum Klettern ziemlich nutzlos – mit etwas Geschick kann man die Bäume an den Stamm geklammert erklimmen, doch dann hängt man mit dem Gesicht gegen die Rinde gepresst in der Höhe … eine eher spaßfreie Variante!

Achtet darauf, dass der Baum möglichst wenig totes Holz hat (das Holz ist dann kahl, die Äste tragen keine Blätter). Erstens ragen solche Äste blöd in den Weg und piksen mit Pech ins Auge, und zweitens ist totes Holz ein ernst zu nehmendes Warnzeichen, dass der gesamte Baum schwächeln und schnell brechen könnte. Wählt dann lieber einen anderen Baum!

Tipp 1: Eine wichtige Grundregel beim Klettern lautet: Jeder muss alleine klarkommen! Hat man einen Baum selbstständig erklommen, kommt man (meist) auch alleine wieder herunter. Und man hört genau dann auf zu klettern, wenn die eigenen Grenzen erreicht sind. So ist es für alle Beteiligten am sichersten.

Tipp 2 zur Väterberuhigung: Meistens haben die Kids ein gutes Gefühl dafür, was sie sich zutrauen können. Ist es Papa weiterhin mulmig bei der Sache, dann klettert doch beide zusammen hoch – oder erstellt folgende Regel: Nach jedem zweiten erklommenen Ast muss der Rückwärtsgang eingelegt werden. Also zwei Äste hoch-, einen wieder runterklettern, dann wieder zwei Äste rauf und einen wieder runter und so weiter. So können Vater und Sohn die Lage wunderbar einschätzen!

Und wozu das ganze Gekraxel? Erstens macht es einfach Spaß, draußen durch den Garten, Park oder Wald zu streifen und sich auf die Suche nach dem perfekten Kletterbaum zu machen. Und ganz nebenbei ist es auch noch sehr gesund und macht fit, stärkt die Muskeln und schult das Gleichgewicht. Aber viel wichtiger ist: Man erobert sich aus eigener Kraft eine ganz andere Perspektive auf die Welt. Hinterher habt ihr beide grüne und braune Rindenflecke an Klamotten und Händen, die sich ewig nicht wegwaschen lassen … Dafür aber bestimmt auch ein Strahlen im Gesicht, das mindestens genauso lange vorhält!

Was ihr dazu braucht:

- Kletterbaum
- Turnschuhe
- Kleidung, die dreckig
  werden darf

Eine Übernachtung unter freiem Himmel

Egal ob im eigenen Garten, am Strand, an einem See oder (für ganz besonders waghalsige Abenteurer) auf einer Lichtung im Wald: Eine Nacht im Freien ist kaum zu toppen!

Ihr seid noch auf der Suche nach dem perfekten Nachtquartier? Wenn ihr's besonders gemütlich haben wollt, frachtet doch einfach zwei Matratzen in den Garten. Am besten legt ihr eine Plastikplane darunter, damit sie nicht feucht werden.

Oder ihr packt zwei Isomatten oder Luftmatratzen auf den Rasen, kuschelt euch in eure Schlafsäcke und genießt den Blick in die Sterne.

Falls ihr keinen eigenen Garten habt, fragt doch mal bei euren Freunden nach, ob ihr in ihrem übernachten könnt.

Ansonsten sucht ihr euch einen anderen schönen Ort, z. B. am Strand oder am Ufer eines Sees. Eine tolle Sache, doch beim ersten Mal fühlt's sich echt wie nackt an!

Ein bisschen geschützter wird's, wenn ihr ein Seil von Baum zu Baum spannt, eine Plane darüberlegt und das Ganze mit Abspannleinen befestigt. Noch sicherer fühlt man sich selbstverständlich im Zelt. Darin habt ihr zwar ein bisschen geschummelt und könnt keine Sterne mehr beobachten, doch spannend ist es trotzdem!

Was ihr aber auf keinen Fall vergessen dürft, ist die Taschenlampe! Denn falls euch irgendein Geräusch mal nicht geheuer sein sollte, könnt ihr fix Licht ins Dunkel bringen, statt euch die ganze Nacht zu fürchten. Die Lampe eignet sich außerdem wunderbar fürs Vorlesen einer kleinen Gruselgeschichte, denn ein bisschen Gänsehaut und Zähneklappern darf bei der ganzen Sache auch wieder nicht fehlen!

Am nächsten Morgen könnt ihr ganz schön stolz auf euch sein und habt euch ein großes Frühstück im gemütlich Warmen verdient!

Was ihr braucht:

- Dicke Schlafsäcke
- Isomatten, Luftmatratzen oder Matratzen
- Eventuell Plastikplane + Seil oder Zelt
- Taschenlampe
- Gruselgeschichten

Staudamm bauen und Bötchen schnitzen

Ein Bächlein, ein schöner Sommertag, zwei Taschenmesser – das ist reines Bubenglück für jede Altersklasse!

Für diesen Zeitvertreib braucht ihr einen kleinen Bach. (Nein, keinen reißenden Fluss, ihr solltet gefahrlos rein- und rüberspringen können.) In einem solchen Wasserlauf könnt ihr nämlich schon mit ein paar großen Steinen, etwas Erde oder Lehm ein tolles Stauwerk bauen.

Besonders viel Spaß macht es, mehrere Dämme hintereinander zu errichten und sie abwechselnd durch das Herausnehmen und Einlegen von Steinen zu öffnen und wieder zu schließen. Wenn ihr es geschafft habt, auf einem Teilstück die Fließgeschwindigkeit des Wassers zu verlangsamen, könnt ihr kleine Rindenschiffchen schwimmen lassen.

So geht's:

Schält mit einem Taschenmesser etwas Rinde von einem Baum ab und  schnitzt eine kleine Bootsform daraus. Bereits abgefallene, auf dem Waldboden liegende Rinde ist sogar noch geeigneter – sie ist trockener und schwimmt besser. Bei euren Bötchen könnt ihr ganz verschiedene Rumpfformen austesten: die schlanken und stromlinienförmigen sind etwas schneller, kentern dafür aber leichter als die langsamen breiten. Wer möchte, kann aus kleinen Ästchen Masten schnitzen, Segel aus Blättern daraufspießen und sie dann ins Bötchen piksen.

Ist der Strom eures Bächleins über eine längere Strecke nicht ganz so stark, könnt ihr sogar eine Wettfahrt veranstalten – Papas gegen Juniors Rindenbötchen!

Was ihr dazu braucht:

- Bachlauf
- Zwei Taschenmesser
- Baumrinde

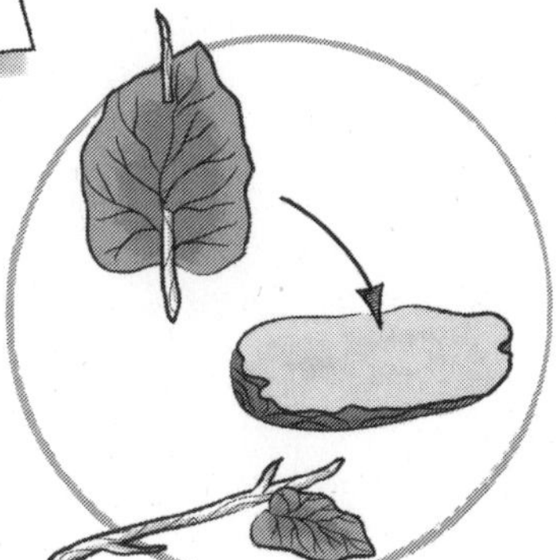

Eine spannende Reise
durch den Citydschungel

Eine Städtereise, das klingt nach Verkehrschaos, stundenlangem Sightseeing, Museums-Marathons und entsprechend wund gelatschten Füßen ... Gähn! Aber passt mal auf, es geht auch anders!

So eine echte Großstadt hat's nämlich ganz schön in sich. Ob London, Barcelona oder Stockholm – dort ist immer was los, die (meisten) Menschen sind cool drauf, und es gibt tausend Dinge zu entdecken. Genau das Richtige also, um dem alltäglichen Schul- und Bürotrott zu entfliehen. Und das Beste: Für ein bisschen Großstadtluftschnuppern reicht schon ein einziges Wochenende. Freitags, sobald ihr frei habt, geht's los, und sonntagabends kommt ihr wieder zurück (oder montagmorgens so pervers früh, dass ihr's gerade noch ins Büro und in die Schule schafft). Und selbst wenn euer Budget erst mal keine großen Sprünge zulässt, gibt es bestimmt noch viele spannende Städte zu entdecken, die gar nicht weit von eurem Heimatort entfernt liegen.

Der Spaß beginnt schon bei der Auswahl des Reiseziels. Falls ihr noch keine konkrete Vorstellung habt, wohin es gehen soll, leiht euch doch einfach ein paar Reiseführer aus der Bücherei aus oder klickt euch durch die Touristenseiten im Internet: Wo könnt ihr mehr tun, als pflichtbewusst durch zwei mittelmäßige Museen zu latschen und im Anschluss Minigolf zu spielen? Welche Stadt bietet die coolsten Events, die beste Kartbahn oder die schärfste Currywurst? Falls ihr euch direkt einig seid, wohin die Reise geht – perfekt! Falls nicht, könnt ihr ja schauen, wer die besseren Argumente für seine Stadt hat. Oder ihr werft ganz einfach eine Münze.

Das Reiseziel steht. Und wie kommt ihr nun hin? Flugzeug, Bahn oder Auto – alles hat seine Vor- und Nachteile und hängt natürlich stark von Ziel und Geldbeutel ab. Auch bei der Wahl eurer Unterkunft kommt es in erster Linie darauf an, welches Budget ihr euch gesteckt habt. Da ihr aber ohnehin die meiste Zeit unterwegs sein werdet, muss es wirklich kein Fünf-Sterne-de-luxe-Hotel sein. Eine Jugendherberge oder ein kleines Gästezimmer tun's auch.

Und was stellt ihr nun an, wenn ihr da seid? Grundsätzlich gilt: Cool ist, was ihr draus macht! Bummelt durch die Straßen und entdeckt die spannendsten Winkel der Stadt, geht ins Kino, besucht eine Ausstellung … Nur eine Sache solltet ihr unbedingt beachten: Ladet euch euer Programm ja nicht zu voll, damit euer Männerwochenende in jedem Fall ganz lässig und entspannt bleibt!

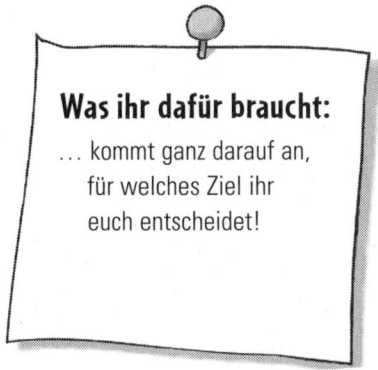

Was ihr dafür braucht:

… kommt ganz darauf an, für welches Ziel ihr euch entscheidet!

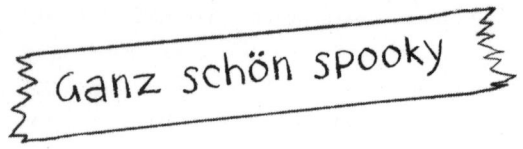

Unternehmt eine schaurig-schöne Nachtwanderung

Im Dunkeln ist gut munkeln! Eine gemeinsam durchwanderte Nacht schweißt eng zusammen ... Denn in der gruseligen Finsternis möchte man seinen Gefährten auf keinen Fall missen. Aber das Allerbeste an diesem unheimlichen Ausflug ist doch eigentlich das lange Aufbleiben. Ein kleiner Spaziergang wird so schnell zu einem großen Abenteuer!

Was war das für ein Geräusch? Hast du es auch rascheln gehört? Vorsicht, da bewegt sich was ...! Wenn tagsüber alles vertraut und harmlos wirkt, kann einem die Welt über Nacht ganz schön unheimlich werden. Jeder Pieps lässt einen dann erschrecken und jeder Schatten zusammenzucken! Ganz gleich, ob man sich an einem fernen, fremden Ort befindet oder nur in der eigenen Nachbarschaft. Deshalb kann es schon spannend sein, nach Einbruch der Dunkelheit einfach mal um die Häuser zu ziehen. Vielleicht trifft man da und dort noch einen Mann mit Hund, aber je später es wird, desto verlassener werden auch die Straßen.

Doch in Wohngegenden dringt viel Licht aus den Häusern, und die Straßenbeleuchtung brennt oft die ganze Nacht durch, sodass man kaum eine Handvoll Sterne zu sehen bekommt. Außerdem trauen sich die Tiere erst spätnachts aus den schützenden Hecken.

Weitaus unheimlicher ist daher ein Ausflug in einen nahen Park oder ein Wäldchen. Je nach Zeit und Wetterlage könnt ihr ja einen späten Ausflug planen und einfach mal bis in die Nacht hinein unterwegs sein, oder ihr fahrt erst kurz vor der Geisterstunde los. Am spannendsten wird euer Grusel-Trip, wenn ihr in der Natur campt (meist ist Wildcampen verboten, sodass ihr besser einen Campingplatz irgendwo in der Pampa ansteuert) und vor dem Einschlafen noch eine Runde durch die Nacht schleicht.

Je dunkler es um euch herum ist, desto besser könnt ihr die Sterne sehen. Besonders clever ist es, *nicht* bei Vollmond loszuziehen. Nicht, weil ihr sonst Gefahr lauft, in die Klauen eines Werwolfs zu geraten, sondern weil der volle Mond mit seiner Strahlkraft vielen Sternen die Show stiehlt. Zwei Wochen später, an Neumond, ist am Himmel weit mehr zu entdecken. Knipst eure Taschenlampen aus und wartet ein paar Minuten, bis sich eure Augen an die Dunkelheit gewöhnt haben. Dann könnt ihr wunderbar die Milchstraße beobachten, die sich quer über den ganzen Himmel erstreckt. Bestimmt entdeckt ihr auch den Großen oder den Kleinen Bär, Orion, das „W" der Kassiopeia oder den einen oder anderen Planeten: Venus, Mars und Jupiter sind meist gut zu sehen – und mit einem Fernglas kann man sogar die zwei Monde des Saturns erkennen.

Wenn ihr danach total aufgedreht seid, bleibt doch einfach wach und erzählt euch jede Menge Schauermärchen. Vielleicht schafft ihr es ja, bis in die frühen Morgenstunden aufzubleiben. Dann gehört die erste komplett durchgemachte Nacht euch beiden!

Was ihr dazu braucht:

- Taschenlampe
- Sternenkarte (am besten eine, die im Dunkeln leuchtet)

Ein Shopping-Trip nur unter Männern

Gemeinsam Klamotten oder Schuhe einkaufen – öder geht's kaum noch, werdet ihr jetzt vielleicht denken. Warum nicht gleich noch zusammen Hausaufgaben machen? Aber probiert's doch einfach mal aus! Denn Väter können beim Shopping zu zweit cooler (und großzügiger) sein, als ihr denkt!

Irgendwann braucht ihr neue Klamotten, eine Nummer größere Sneakers, die Socken haben Löcher, oder der Pulli sitzt plötzlich bauchfrei. Das kann ziemlich nervig sein. Und meistens ist Mama für sämtliche Neuanschaffungen zuständig. Häufig läuft der Einkaufstrip dann so ab: Der Sohn muss lauter blödes Zeug anprobieren, Mama will endlich weiter, und Papa fragt sich, wo das ganze Geld geblieben ist … Dreht den Spieß doch einfach mal um und macht die Shopping-Tour zu einem richtig entspannten Vater-Sohn-Bummel.

Nehmt euch mindestens einen halben Tag Zeit, geht in alle Shops, die ihr von außen spannend findet, und probiert einfach mal jeden Quatsch an. Vielleicht könnt ihr euch ja gegenseitig zu einer cool zerfetzten Jeans oder einem superlässigen T-Shirt bequatschen, das ihr nun wirklich überhaupt nicht braucht, aber gerade deswegen unbedingt haben müsst. Oder wie wäre es mal mit einem Secondhandladen? Hier könnt ihr euch so richtig austoben und die spleenigsten Kombinationen durchprobieren! Zwischendurch gönnt ihr euch einen leckeren Imbiss oder macht Pause in einem Musikgeschäft. Oder wie wäre es mit einem Besuch im Scherzartikelladen: Wühlt euch gemeinsam durch die Regale und malt euch aus, was ihr mit dem Kram so alles anstellen könntet. Bestimmt fällt euch auf Anhieb jede Menge herrlicher Quatsch ein! Und schon der Gedanke daran macht lustig …

Tipp: Egal, was ihr am Ende mit nach Hause schleppt – es kommt immer gut an, noch eine Kleinigkeit für die Daheimgebliebene(n) mitzubringen! Für besonders Ratlose: Bei der Mama und Gattin sind Blumen nie verkehrt. (Und ein Liter Milch zählt nicht!)

Mit Tüten beladen kommt ihr nach Hause, Mutter hat sich im Lavendelbad mit einer Michael-Bublé-CD entspannt, ihr übergebt euer Geschenk und führt die Einkäufe vor. Mit dem passenden Mitbringsel in der Hinterhand gehen bestimmt auch die schlimmsten Fehlkäufe durch!

Was ihr dazu braucht:
○ Papas Kreditkarte

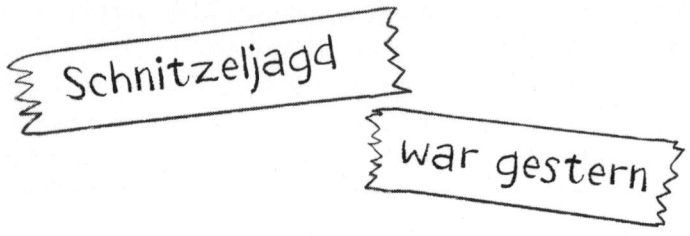

Startklar fürs Geocaching?

Falls ihr keine Lust habt, wie in grauer Vorzeit mit einem Kompass durch den Wald zu tigern, heißt das Zauberwort heute: GPS. Diese praktische Technik ist bei den meisten neuen Handys und Smartphones längst vorinstalliert. Und das ist auch schon alles, was man fürs Geocaching braucht!

Beim Geocaching, auch GPS-Schnitzeljagd genannt, werden die geografischen Koordinaten eines „Schatzes" im Internet veröffentlicht. Falls ihr euch jetzt allerdings schon wie Dagobert Duck in einem Becken voller Goldmünzen schwimmen seht, werdet ihr leider enttäuscht sein – in diesem Fall gilt eher das Prinzip „Der Weg ist das Ziel". Denn bei den „Schätzen" handelt es sich meist um mehr oder weniger wertlosen Krimskrams. Wenn ihr aber vor allem Lust auf Outdoor-Action habt, dann nichts wie los! Sucht den Ort, an dem ein „Cache" (so nennt man den hinterlegten „Schatz") versteckt ist, verewigt euch im enthaltenen Logbuch, entnehmt, wenn ihr Lust habt, der wasserdichten Box einen Tauschgegenstand und legt dafür einen anderen hinein.

Beim Einstieg in dieses coole Hobby helfen diverse Onlineportale und -foren. Die größte Geocaching-Datenbank ist www.geocaching.com, Länder-Portale findet ihr unter www.geocaching.de, www.geocaching.at

und www.geocaching.ch. Dort erfahrt ihr, wie man einen „Cache" findet, was ein „Aufklärungszettel" ist und was ihr beachten solltet, wenn ihr selbst einen „Schatz" verstecken wollt. Außerdem habt ihr die Möglichkeit, euch mit anderen Geocachern auszutauschen.

Und wie genau soll das jetzt gehen, so eine GPS-Schnitzeljagd? Am einfachsten funktioniert die Suche mit den auf dem Handy vorinstallierten Karten: Einfach statt eines Ortes die Koordinaten des „Schatzes" eingeben (oder die Geocaching-Seite gleich auf dem Smartphone aufrufen) – schon wird der Weg oder zumindest das Ziel angezeigt (falls der Weg nicht sinnvoll zu berechnen ist, weil er z. B. durchs Unterholz führt). Das Handy ist dabei vielleicht nicht ganz so genau wie ein „reinrassiges" GPS-Gerät, aber für den Anfang reicht es allemal. Und für all diejenigen, denen die Schatzsuche gar nicht „hightech" genug sein kann: Inzwischen gibt es auch etliche Geocaching-Apps (auch die kostenlosen eignen sich für den Anfang sehr gut).

Was ihr dazu braucht:

- iPhone oder Android-Handy

Bau- und Bastelaction

Baut einen Flaschenzug

Das Tolle an einem Flaschenzug? Ihr könnt mit wenig Kraft ganz viel bewegen! Wie wäre es mit einem selbst gebauten in eurem Treppenhaus?

Ein kleiner Warnhinweis gleich zu Beginn: Falls ihr in einer Wohnung zur Miete wohnt, fragt bitte zuerst bei eurem Vermieter nach, ob auch er einen Flaschenzug im Treppenhaus für eine Spitzenidee hält. Ansonsten müsst ihr das Ding schneller wieder abmontieren, als ihr gucken könnt … Und das kann ganz schön die Laune verderben!

So geht's:

Ihr braucht zwei Holzlatten. Am besten schmirgelt ihr sie etwas ab, damit ihr euch keine Splitter holt. In beide Latten könnt ihr dann auf der schmalen Seite in ca. 15 cm Abstand je drei Löcher bohren (etwa 2 cm tief), in die ihr jeweils eine Ösenschraube hineindreht. Achtet darauf, dass die Ösen so stehen, wie auf dem Bild zu sehen ist. So kann das Seil später gut durchrutschen. (Bild 1) Nun müsst ihr die Latten seitlich und mit den Ösen nach oben gerichtet auf den Boden legen. Knotet das Seil an der äußersten Öse fest (was für einen Knoten ihr macht, ist ganz egal – Hauptsache, er hält gut!) und führt es dann im

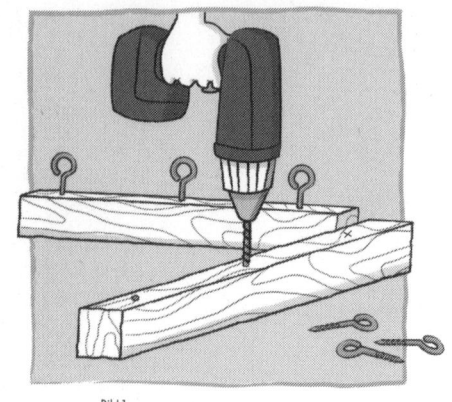

Bild 1

Zickzack von einer Latte zur anderen durch die Ösen. (Bild 2)

Für die Aufhängung des Flaschenzugs müsst ihr auf der Oberseite der Latte, an der noch keine Ösen angebracht sind, zwei weitere Löcher bohren und wiederum zwei Ösenschrauben eindrehen. Hierdurch könnt ihr ein weiteres Seil fädeln. Auch in die zweite Latte bohrt ihr auf der unbearbeiteten Seite noch zwei Löcher und dreht Ösenschrauben ein – daran befestigt ihr das Seil für den Transportkorb.

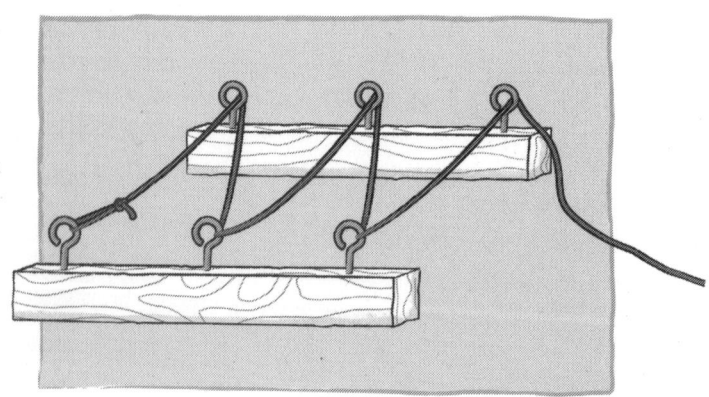

Bild 2

Schon ist der Flaschenzug fertig! Ihr könnt ihn an einem Ast, dem Treppengeländer oder der Flur- bzw. Zimmerdecke anbringen und am besten sofort austesten – bestimmt bekommt ihr selbst schwere Dinge im Nu nach oben gewuchtet!

Wenn ihr mit eurem Flaschenzug besonders lange Strecken überbrücken wollt oder richtige Schwertransporte plant, könnt ihr auch Rollen statt Ösen nehmen, dann läuft das Seil noch leichter. Habt ihr eine stabile Variante gebaut, könnt ihr statt eines Korbs z. B. auch Getränkekisten an den Haken hängen und nach oben spedieren! Oder einer von euch beiden hängt sich mal selbst an den Flaschenzug, und der jeweils andere versucht, ihn hochzuziehen. Wetten, dass starke Jungs sogar ihren Papa stemmen können!?!

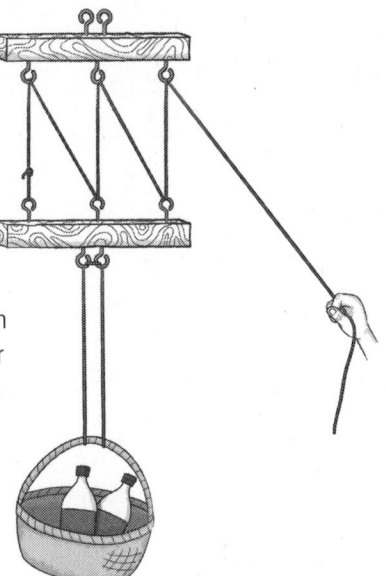

Was ihr dazu braucht:

- 2 Holzlatten: 4 × 4 × 50 cm
- Starkes und glattes Seil:
  Länge = 6 × die zu überwindende
  Höhe + 2 m für die Aufhängung
- 10 Ösenschrauben: so groß,
  dass das Seil gut hindurchrutscht
- Holzbohrer: 4 mm

Bastelt eine Wasserballon-Abschussrampe

Wasserbomben sind im Sommer der absolute Kracher! Und mithilfe einer Wasserballon-Abschussrampe kann man sie ganz besonders weit schießen.

So geht's:

Ballonhalterung

Für die Halterung müsst ihr fünf ca. 60 cm lange Streifen breites Klebe- oder Packband mit der klebrigen Seite nach oben leicht überlappend nebeneinanderlegen. Die Streifen oben und unten ca. 1 cm einfalten. Nun zwei Streifen von je etwa 20 cm Länge abreißen, längs mittig (Klebeseite auf Klebeseite) falten und im Abstand von knapp 10 cm in der Mitte quer über die Klebeseite der fünf Klebebandstreifen kleben. (Bild 1) Um die Ballonhalterung zu stabilisieren, schneidet ihr zwei Gummischlauchstücke von je 20 cm Länge ab und legt sie knapp außerhalb der quer geklebten Streifen ebenfalls der Breite nach auf das klebrige Rechteck. Jetzt könnt ihr die fünf Streifen über die beiden Schlauchstücke hinweg nach innen (Klebeseite auf Klebeseite) einschlagen. (Bild 2) Für den Griff zwei weitere Klebebandstreifen von je 70 cm Länge aufeinanderkleben und längs mittig falten (Klebeseite auf

Klebeseite). In der Mitte der Ballonhalterung zwei kleine Schlitze im Abstand von etwa 10 cm einschneiden und den Griff hindurchfädeln. Überhängende Enden könnt ihr von außen mit Klebeband am Griff festkleben. (Wer in dem ganzen Klebe-Chaos bis jetzt noch nicht hängen geblieben ist, hat schon fast gewonnen!) (Bild 3) Nun müsst ihr nur noch die Gummibänder durch die Gummischläuche führen und sie an den herausragenden Enden gut verknoten. (Bild 4)

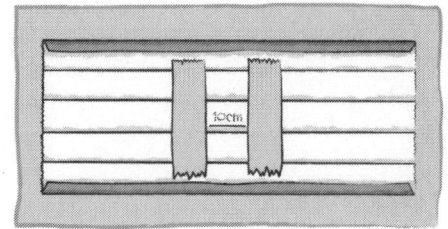

Bild 1

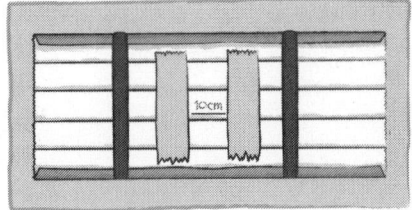

Bild 2

Rampe

Für den Ständer schraubt ihr jeweils 2 Kanthölzer an einem Ende aneinander, dabei etwa 12 cm Überstand lassen. Die Hölzer könnt ihr dann im Abstand von 1 m auf den Boden legen. (Bild 5) Nun schraubt ihr die Sperrholzbretter an den Kanthölzern fest. Das Ganze könnt ihr dann wie eine Klappleiter aufstellen und die Ballonhalterung mit den Gummibändern auf die überstehenden Kanthölzer haken. (Bild 6)

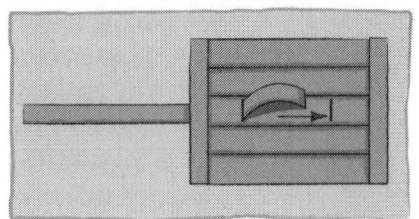

Bild 3

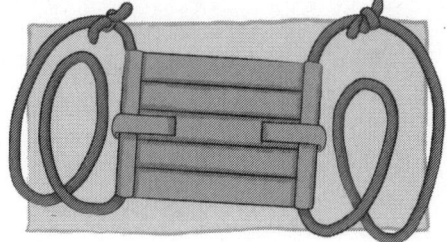

Bild 4

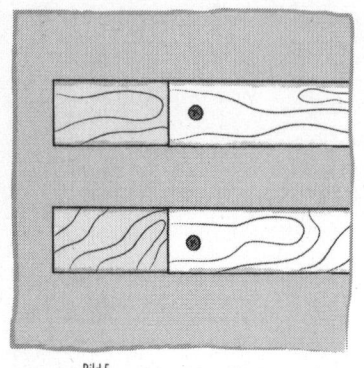

Bild 5

Bevor ihr sie benutzt, solltet ihr euch ganz sicher sein, dass alles bombenfest montiert ist. Sonst könnte das Ganze beim Spannen in die falsche Richtung losgehen und euch schmerzhaft ins Gesicht schnalzen. Ist die gesamte Konstruktion doppelt durchgecheckt, gilt: Feuer frei – die Ballons können über 100 km/h erreichen! (Bild 7)

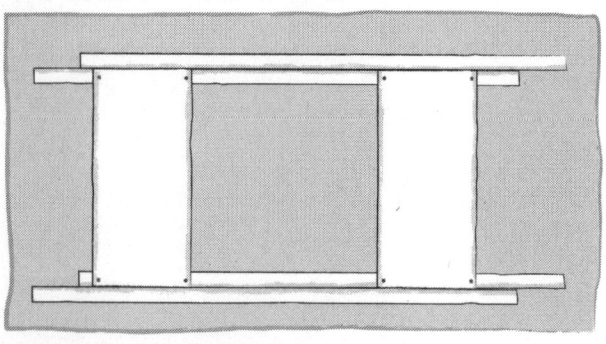

Bild 6

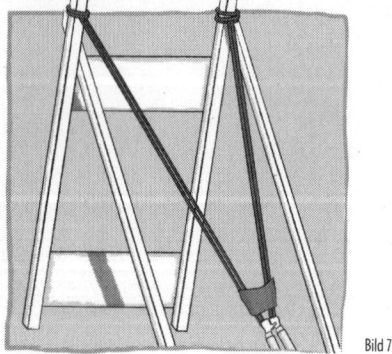

Bild 7

Warnung: Nie auf Menschen oder Tiere zielen! Die Wasserbomben haben jede Menge Schwung und können leicht zu Verletzungen führen! Außerdem solltet ihr eure Ladung keinesfalls auf vorbeigurkende Autofahrer schleudern – das klingt zwar sehr lustig, aber die „Spaßbremsen" könnten sich erschrecken und womöglich den nächstbesten Abhang hinunterpreschen.

Was ihr dazu braucht:

- Breites Klebe- oder Packband
- 250 cm dehnbares, reißfestes Gummiband
- Circa 50 cm Gummischlauch
- 4 Kanthölzer: 6 × 9 × 240 cm
- 2 Sperrholzbretter: 1 × 35 × 100 cm
- 10 Holzschrauben: Durchmesser ca. 5 mm, Länge ca. 100 mm
- Akkuschrauber

Höher, schneller, weiter fliegen

... in einer riesigen Reifenschaukel

Schaukeln ist fast wie Fliegen! Es kribbelt im Bauch und macht mit jedem Mal Schwungholen mutiger. Zu zweit ist das Vergnügen doppelt so groß (und auch doppelt so hoch!), denn man kann sich gegenseitig Anschwung geben – und das geht natürlich am besten auf einer selbst gebauten Reifenschaukel!

In den USA baumeln die Reifen fast in jedem Vorgarten – und tatsächlich haben sie auch einen ganz anderen Reiz als unsere Standard-Spielplatzschaukeln: Erstens kann man sie ganz leicht selbst bauen (und selber bauen ist immer spaßiger als kaufen!). Und zweitens ist das Schaukeln im Reifen weitaus aufregender. Man sitzt nicht nur brav auf einem Brettchen Holz und schunkelt in geregelten Bahnen vor und zurück – eine Reifenschaukel schwingt in alle möglichen Richtungen, dreht sich um die eigene Achse und noch dazu im Kreis. Man kann sich reinsetzen, reinlegen, draufhocken, durchhängen und was einem sonst noch alles so einfällt … (Das Ding hat nur einen zu vernachlässigenden Nachteil: Manche Reifen färben auf die Kleidung ab – also lieber nicht in den feinsten Sonntagsklamotten schaukeln gehen.)

So geht's:
Das Wichtigste, was man für eine tolle Schaukel braucht, ist ein Baum: ein Hartholz-Laubbaum wie Ahorn, Eiche oder Kastanie muss es sein. Der Ast sollte an der Stelle, wo das Seil befestigt wird, mindestens 20–25 cm Durchmesser haben.

Warnung: Es dürfen keine weiteren Äste in den Schaukelradius hineinwachsen – hier droht Verletzungsgefahr!

Als Schaukelreifen besonders gut geeignet sind Altreifen von Pick-up-Trucks. Sie sind etwas größer als normale Pkw-Reifen, in Deutschland jedoch eher selten (normale Autoreifen tun's auch). Fragt mal in einer Werkstatt oder auf dem Recyclinghof nach.

Tipp: Ihr solltet möglichst keinen Stahlgürtelreifen verwenden – bei Abnutzung blitzt hier schnell mal das harte Metall durch das Gummi. Und das kann richtig wehtun.

Für den Baum ist es schonender, einen Haken in den Ast zu schrauben. Alternativ kann man das Seil auch einfach über den Ast werfen, das schneidet jedoch langfristig die Nährstoffzufuhr ab. Das eine Ende des Seils müsst ihr dann an den Haken und das andere Ende um den Reifen knoten. Er muss so hoch hängen, dass ihr mit den Füßen nicht auf dem Boden schleift, und so tief, dass ihr problemlos ohne Hilfe hineinkommt.
Damit sich in der unteren Hälfte des Reifens nicht ständig Regenwasser sammelt, könnt ihr mit einem dicken Holzbohrer alle 10 cm Löcher von etwa 5 mm Durchmesser hineinbohren. Das ist die perfekte Aufgabe für den Sohnemann – Papa hat jetzt mal Pause! Um die Sache sicher zu machen und Stürze abzufedern, solltet ihr unter der Schaukel kreisförmig Rindenmulch ausstreuen. So, und jetzt nichts wie rein in den Reifen! Gebt euch gegenseitig Schwung und dreht euch schwindelig!

Wer keinen Autoreifen zur Verfügung hat, kann auch eine einfache Seilschaukel bauen. Das geht sogar kurzfristig im Wald, wenn man keinen Baum im Garten stehen hat. Bevor ihr euch für einen Baum entscheidet, solltet ihr überprüfen, ob darunter Steine oder dicke Wurzeln sind (hier droht Verletzungsgefahr!). Werft dann ein langes, dickes Seil über einen Ast – gerade so weit weg vom Stamm, dass man beim Schaukeln nicht dagegenstoßen kann, der Ast aber weiterhin stabil genug ist, um euch zu tragen. Wickelt das Seil mehrfach um den Ast, damit es nicht verrutscht. An die losen Seilenden könnt ihr dicke Knoten machen und lustig hin und her schwingen, oder ihr verknotet die Enden und schaukelt sitzend oder stehend in der Schlaufe. Guten Flug! (Und vergesst nicht, das Seil hinterher wieder zu entfernen und mit nach Hause zu nehmen.)

Was ihr dazu braucht:

Reifenschaukel
- Alten Autoreifen
- Nylonseil: ca. 2 cm Durchmesser
- Ösenschraube:
  mindestens 8 – 10 mm Stärke

Seilschaukel
- Dickes Seil: mindestens 4 cm
  Durchmesser

Lasst einen selbst gebastelten Drachen steigen

Wisst ihr, warum Flugzeuge fliegen können? Oder ein Drachen? Nö? Ist eigentlich auch ganz egal! Hauptsache, sie bleiben wie von Zauberhand in der Luft.

Mit einem selbst gebauten Drachen mischt ihr die Drachenwiese oder den windigen Strand bunt auf. Und ihr könnt euch sicher sein: Euren Drachen gibt es so weit und breit kein zweites Mal!
Sogenannte „Lenkdrachen", mit denen man z. B. Loopings und Kunststücke fliegen kann, sind leider nur sehr schwer selbst zu bauen. Einfacher zu basteln sind die klassischen Flugdrachen. Doch auch die kommen richtig hoch hinaus! Außerdem kann man sie später noch zu einer „Drachenleiter" erweitern.

So geht's:
Zuerst müsst ihr euch für eine Drachenform entscheiden: traditionell in Rautenform oder mal ganz anders, in Form eines Käfers oder Quadrats?
Sobald ihr euch entschieden habt, könnt ihr die Korbmacherruten in die entsprechende Form biegen (wenn ihr Rundungen vorgesehen

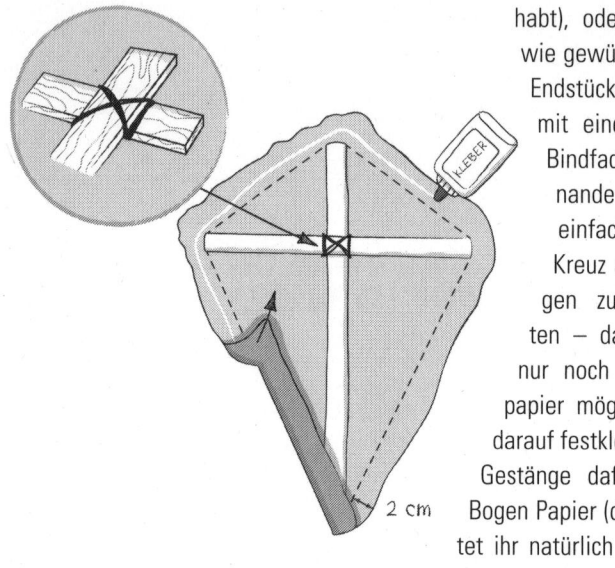

habt), oder ihr legt sie wie gewünscht aus. Die Endstücke knotet ihr mit einem reißfesten Bindfaden straff aneinander. Besonders einfach ist es, ein Kreuz aus zwei Stangen zusammenzuknoten – dann müsst ihr nur noch das Drachenpapier möglichst stramm darauf festkleben. Legt das Gestänge dafür auf einen Bogen Papier (das Papier solltet ihr natürlich in eurer Lieblingsfarbe aussuchen) und schneidet den Umriss mit 2 cm Zugabe aus. An den Rundungen oder Ecken schneidet ihr nun kleine Laschen ein, klappt den Rand um und klebt ihn fest.

Ist der Drache fertig bezogen, könnt ihr ihn nach Herzenslust verzieren, indem ihr die Unterseite (wo das Gestänge sitzt) mit andersfarbigem Papier beklebt, mit wasserfesten Markern bemalt oder besprayt. Der Drachen könnte zum Beispiel ein Monster, ein Frosch, ein Pirat oder eine besonders lustige Comicfigur werden. Je nachdem, was für ein Tier oder eine Figur ihr entwerft, könnt ihr auch noch einen kleinen Schwanz ankleben. Den bastelt ihr aus einer Wollschnur, an die ihr kleine Papierschleifchen knotet.

Zum Schluss befestigt ihr zwei lange Nylonfäden rechts und links am Gestänge, etwa auf ⅓ Höhe (vom vorderen Ende der Drachenspitze gemessen), sodass der Drachen, wenn ihr ihn steigen lasst, leicht gekippt in der Luft steht. Verknotet die Fäden etwa 0,5 bis 1 m unterhalb des Drachens genau mittig (dazu müsst ihr die Fäden präzise abmessen, sonst hängt euch der Drachen nachher schräg in der Luft!).

Jetzt schnell raus mit euch, rennt gegen den Wind und lasst euren neuen Drachen hoch in die Luft steigen! Klappt das gut, könnt ihr im nächsten Schritt eine „Drachenleiter" bauen: Dazu fertigt ihr weitere Drachen an – möglichst in der gleichen Form – und verknüpft sie mit jeweils 70 cm Abstand leicht schräg übereinander. Passt dabei auf, dass die beiden Schnüre zwischen den Drachen genau gleich lang sind, sonst steht ein Drachen schief und wirft die ganze Konstruktion aus der Bahn!

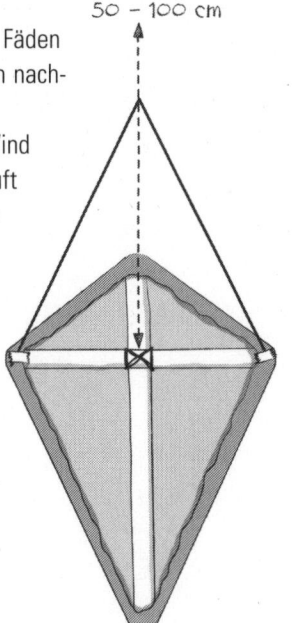

50 – 100 cm

Was ihr dazu braucht:

- ○ Korbmacherruten (gibt's im Bastelbedarf oder Baumarkt) oder Holzstangen
- ○ Reißfestes Papier in mehreren Farben
- ○ Festen Bindfaden
- ○ Schere
- ○ Kleber

Buddelt euch eine Boccia-Bahn

In Südeuropa ist Boccia (in Frankreich auch Boule genannt) ein klassisches Männerspiel. Baut euch eure eigene Anlage und genießt gemeinsame Auszeiten!

In Frankreich, Spanien oder Italien trifft man sie an jeder Ecke: Männer, die in aller Seelenruhe Boccia spielen, bis zu Hause das Essen fertig ist, oder einfach, um den Nachmittag oder Abend gemütlich zu vertrödeln. Die Konzentration gilt dabei voll und ganz den Kugeln – es wird wenig gequatscht und umso mehr geschwiegen. Und obwohl es ein sehr ruhiges Spiel ist, kann es richtig spannend sein! Wie wär's mit einer Partie? Natürlich kann man Boccia einfach auf dem Rasen spielen. Aber für das ganz authentische Boccia-Erlebnis braucht man eine kleine Anlage, die gar nicht schwer zu bauen ist.

So geht's:

Markiert eine rechteckige Fläche von 4,5 m Breite und 28 m Länge mit vier kleinen Holzpflöcken. An diesen Pflöcken könnt ihr längs Holzlatten befestigen oder die Holzstifte mit Seilen verbinden. (Bild 1) Hebt die Fläche mit einem Spaten etwa 25 cm tief aus und schüttet sie mit etwa 10 cm Holzofenschlacke (aus dem Baumarkt) auf. (Bild 2)

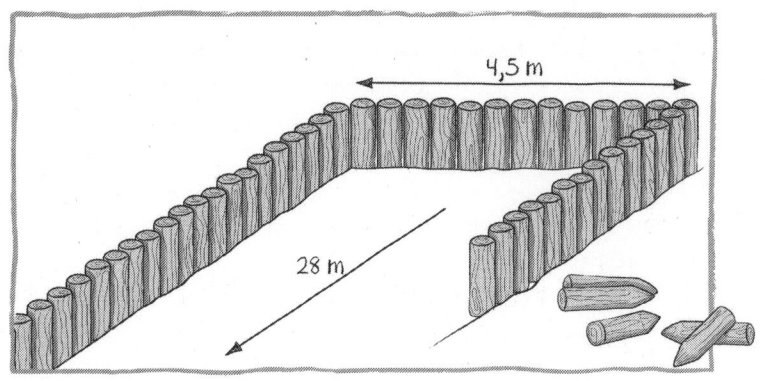

Bild 1

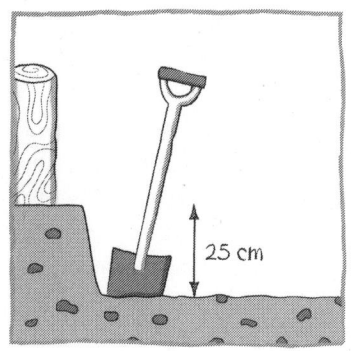

Bild 2

Darauf kommen 10 cm Kesselasche. Jetzt müsst ihr alles gut
feststampfen. Danach Rotgrand
und dann Steinmehl aufschüt-
ten. Und das Ganze wieder fest-
walzen oder -stampfen. (Bild 3)

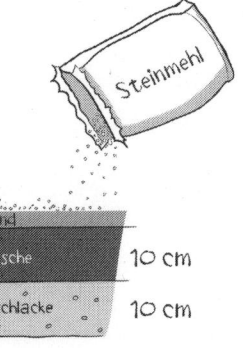

Bild 3

Nun zu den Regeln:

Zunächst wird ausgelost, wer anfängt. Derjenige, der starten darf, wirft „Lecco" (die kleine Holzkugel) in das hintere Drittel der Spielbahn. Direkt im Anschluss darf derselbe Spieler auch seine erste Spielkugel werfen. Ziel ist es, mit den großen Spielkugeln so nah wie möglich an den Lecco zu kommen. Dabei könnt ihr ganz verschiedene Wurftechniken ausprobieren (von oben oder unten werfen, mit eingebauter Drehung oder ohne). Umstritten ist, ob man die Kugel auch von Anfang an rollen darf – das solltet ihr vorher festlegen. Nachdem der erste Spieler eine Spielkugel geworfen hat, ist der andere an der Reihe. Danach wirft derjenige, dessen Kugel weiter vom Lecco entfernt liegt. Er darf nun so lange werfen, bis er mit einer seiner Kugeln näher an die Holzkugel heranreicht (im Zweifelsfall muss nachgemessen werden) oder er keine Kugeln mehr hat. Dann ist der andere Spieler wieder an der Reihe. Besonders viel Spaß macht es natürlich, die Kugeln des gegnerischen Spielers vom Lecco wegzuprellen.

Wurden alle Kugeln geworfen, werden die Punkte gezählt: Die Kugel, die am nächsten am Lecco liegt, bringt zwei Punkte. Alle Kugeln desselben Spielers, die näher am Lecco liegen als die des Gegners, bringen einen weiteren Punkt. Anschließend wird in die entgegengesetzte Richtung gespielt. Großer Boccia-Sieger ist, wer zuerst 20 Punkte gesammelt hat!

Was ihr dazu braucht:

- Boccia-Set
- Holzpflöcke
- Holzlatten
- Holzofenschlacke, Kesselasche, Rotgrand, Steinmehl (Baumarkt)

Nicht ohne meine Zwille

So bastelt ihr das lässigste Accessoire der Welt

Die coolsten Jungs in Comics oder Filmen haben immer eine kleine Steinschleuder (auch „Zwille" genannt) in der hinteren Hosentasche stecken. Baut euch doch auch so ein lässiges Standardutensil, und ihr geht nie wieder ohne aus dem Haus!

Warnung: Eine Steinschleuder ist ein ganz einfaches Schießgerät – und trotzdem kann sie so richtig fetzen! Vor jedem Schuss müsst ihr euch daher gründlich versichern, dass sich keine Menschen, Tiere oder zerbrechlichen Gegenstände wie Fensterscheiben oder Autospiegel in eurer Schusslinie befinden. Absolut tabu ist es natürlich, direkt auf Lebewesen zu zielen!

So geht's:

Um eine Zwille selber zu bauen, braucht ihr nur ein paar Dinge aus dem Haushalt und eine Y-förmige Astgabelung in der richtigen Größe. Wichtig ist, dass der Stiel gut in der Hand liegt und die beiden Abzweigungen nicht zu dünn und möglichst gleichmäßig gewachsen sind. Die Rinde schnitzt ihr am besten ab und schmirgelt das Holz dann mit Sandpapier glatt. Für die Wurftasche könnt ihr aus einem Stück Stoff

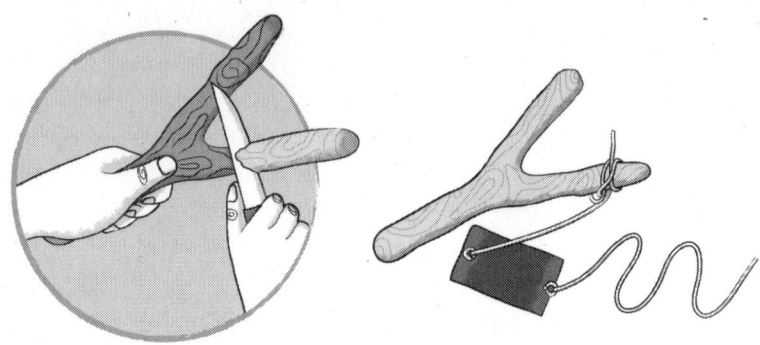

oder Leder ein kleines Rechteck ausschneiden (ca. 2 bis 3 cm breit). Stanzt seitlich in diese Wurftasche kleine Löcher (am besten mit einem gewöhnlichen Locher), zieht die Gummibänder hindurch (je nach Dicke und Länge einzelne oder doppelte Stränge) und knotet sie rechts und links oben an den Verzweigungen der Astgabel fest.

Traditionell verschießt man mit einer Steinschleuder Steine (daher ja auch der Name). Die gleiche Menge Spaß bei einer weitaus geringeren Verletzungsgefahr bieten aber auch andere Ladungen, wie zum Beispiel Trockenerbsen oder Papierbällchen. Legt eure „Munition" in die Wurftasche, spannt die Gummibänder und zielt! Zum Beispiel auf Bäume, Dosen, Luftballons, die Hauswand oder sonstige unkaputtbare Dinge.

Besonders lustig ist ein kleiner Steinschleuder-Wettkampf: Baut gleich zwei Schleudern und schießt gemeinsam auf ein Ziel – wer von euch beiden genauer zielt und trifft, hat gewonnen!

Was ihr dazu braucht:

- Dickere Gummibänder
  (z. B. von Einweckgläsern)
- Kleines Stückchen
  Leder oder Stoff
- Taschenmesser
- Schere und Locher
- Sandpapier

Die (fast) unknackbare Schatzkiste

Ob für ganz besonders seltene Fußball-Sammelbilder oder anderen streng geheimen Kram – ein Holzkästchen mit einem raffinierten „schlüssellosen Schloss" ist praktisch und sehr beeindruckend!

Ganz schön raffiniert: Bevor man die kleine Schatzkiste öffnen kann, muss zunächst ein fast unsichtbarer Holzstöpsel gezogen und danach die eine Hälfte des Deckels ein gutes Stück zur Seite gedreht werden. Spätestens an diesem Punkt geben die meisten Schnüffler auf – denn ist man so weit vorgedrungen, kommt bloß eine weitere öde Holzplatte zum Vorschein. Diese Platte muss nun ein wenig längs verschoben und dann ebenfalls zur Seite gedreht werden, nur so gelangt man an den kostbaren Inhalt!

So geht's:

Die kleine Kiste besteht aus elf Teilen, die ihr ganz gewieft zusammensetzen müsst. Kopiert die unten abgebildeten Umrisse der Einzelteile etwas größer, übertragt sie auf eine Hartholzplatte und sägt sie mit einer Hand- oder Stichsäge aus. Anschließend schleift ihr die Kanten glatt.

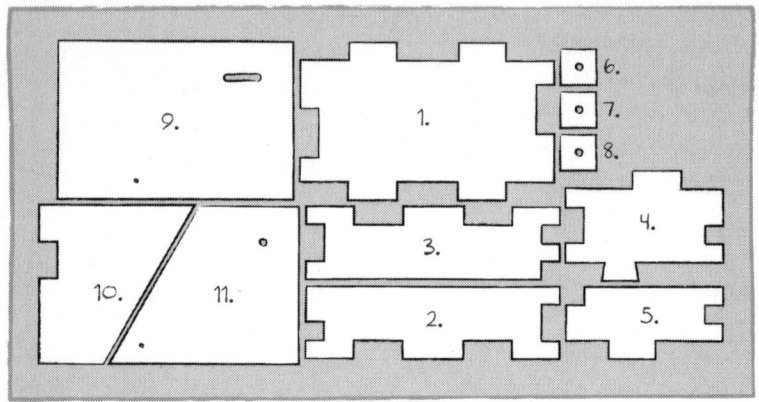

Bild 1

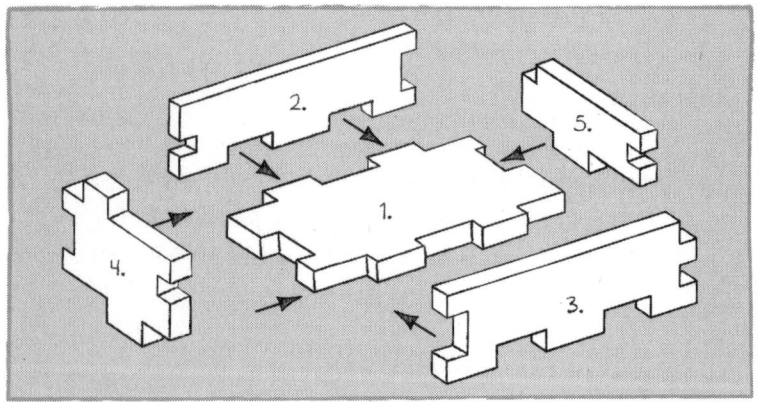

Bild 2

In Teil 11 bohrt ihr ein Loch, in Teil 9 sägt ihr einen Schlitz (dafür einfach zwei Löcher bohren und dann vom einen zum anderen sägen). Dann spannt ihr beide Teile übereinander und bohrt ein weiteres, kleineres Loch für den Holzstöpsel durch Teil 11 und halb durch Teil 9. (Bild 1) Setzt nun die Teile 1–5 probeweise zusammen. Wenn sie gut zusammenpassen, könnt ihr sie direkt mit Holzkleber fixieren. (Bild 2) Danach klebt ihr die kleinen Quadrate 6−8 aufeinander und in die Ecke des Kästchens. (Bild 3) Auch die Teile 9 und 10 könnt ihr aufeinanderkleben. In das Türmchen aus den Teilen 6−8 müsst ihr ein Loch für die Holzschraube vorbohren.

Nun den Deckel (Teil 9 und 10) aufsetzen, das Schwingteil (11) auflegen, festschrauben und mit dem kleinen Holzstöpsel fixieren. (Er darf nicht zu weit in das Loch rutschen oder zu fest darin stecken, sonst kriegt man die Box schlecht auf. Er sollte aber auch nicht zu lose sein oder zu hoch überstehen, um nicht aufzufallen.) (Bilder 4 und 5)

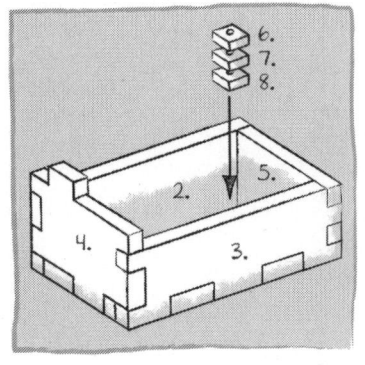

Bild 3

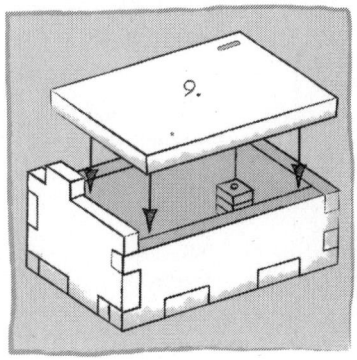

Bild 4

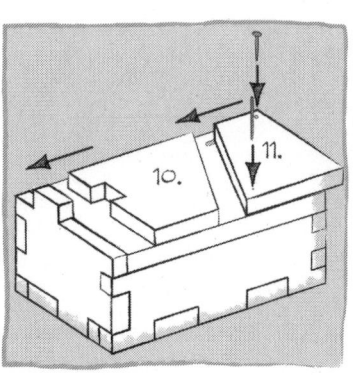

Bild 5

Zum Schluss könnt ihr das kleine Kästchen mit Holzwachs einreiben und glatt polieren. Nun braucht ihr nur noch eure spannendsten Geheimnisse zusammenzutragen und in dem supersicheren „Safe" verstecken!

Was ihr dazu braucht:

- Hartholz: 27,5 × 57,5 cm, 1,5 cm dick
- Holzstöpsel: 3 × 20 mm, als Verschluss
- Schraube: 3 × 20 mm
- Holzkleber
- Holzwachs
- Feile
- Bleistift
- Sandpapier
- Schraubstock
- Hand- oder Stichsäge
- Bohrer oder Akkuschrauber

Ein Sonnenhut mit Geheimversteck

Cooler Hut und praktisches Geheimfach in einem: Das kleine Täschchen ist schnell in den Sonnenhut eingenäht – so seid ihr sicher vor Sonnenbrand und Taschendieben.

In vielen Urlaubsorten wimmelt es nur so von Taschendieben, denn oft sind Touris leichte Beute. Besonders einfach haben es die Langfinger, wenn wir kurz mal baden gehen und die Geldbörse unbewacht am Strand rumliegt. Doch was tun? Mit dem Geldbeutel schwimmen gehen? Das Geld im Sand vergraben? Beides suboptimal! Hier hilft nur ein besonders gewieftes Versteck!

So geht's:
Besorgt euch zwei schicke Sonnenhüte und verpasst ihnen geheime
Innentäschchen. Der Stoff
dafür muss mindestens so
groß sein wie der Durch-
messer der Sonnenhut-
krempe. Um einen Reiß-
verschluss einzunähen,

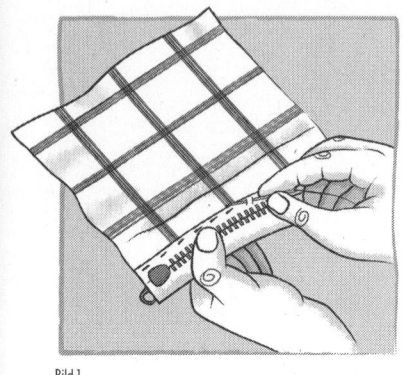

Bild 1

Bild 2

schneidet ihr das Tuch in der Mitte durch. Klappt dann die Stoffränder, an die der Verschluss genäht werden soll, jeweils 1 – 2 cm zur Seite ein. Nun könnt ihr an der umgefalteten Kante von unten (also an der Seite, die später nach innen zeigt) den Reißverschluss anbringen. (Bild 1) Eine unkomplizierte Alternative: Wenn ihr keinen Reißverschluss habt, könnt ihr auch eine einfache Tasche aus zwei sich einige Zentimeter überlappenden Lagen Stoff nähen (wie ein „Hotelverschluss" beim Kopfkissen). Für ein paar Scheine reicht das allemal, für mehrere Plastikkarten oder Kleingeld ist diese Variante jedoch leider nicht stabil genug.

Bild 3

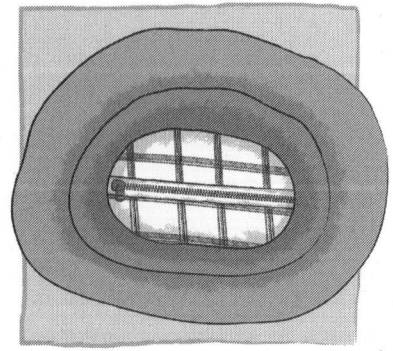

Wenn ihr das Stofftäschchen zusammengenäht habt, könnt ihr im nächsten Schritt die Innenseite eurer Hüte nach außen krempeln. Nun müsst ihr gut überlegen, an welcher Stelle ihr den Stoff am besten festnäht, damit man ihn später von außen nicht sieht – manche Sonnenhüte haben eine doppelte Lage Stoff, andere eine

Naht mit Saum am oberen Ende. (Bild 2) Das Täschchen dann rundherum festnähen, die Hüte wieder auf die richtige Seite krempeln (Bild 3), eure Wertsachen (Geld, die Zugangskarten des Hotels etc.) hineinstecken und entspannt „behütet" durch die Gegend spazieren ... oder einfach schnell ins Meer hüpfen und den Hut wie selbstverständlich auf dem Handtuch liegen lassen (dass hier was zu holen ist, ahnt kein Mensch!).

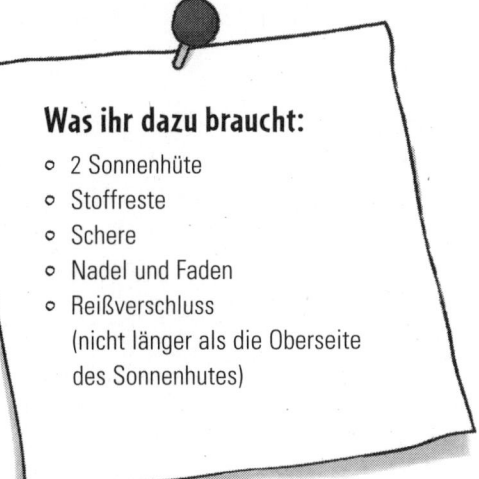

Was ihr dazu braucht:

○ 2 Sonnenhüte
○ Stoffreste
○ Schere
○ Nadel und Faden
○ Reißverschluss
  (nicht länger als die Oberseite
  des Sonnenhutes)

Bastelt ein spooky Fledermauskostüm aus Regenschirmen

Habt ihr Lust, mal ein richtig gruseliger Vamp zu sein? Und dann Mama oder die kleine Schwester zu erschrecken? Bastelt euch beiden ein super Fledermauskostüm, wartet, bis es dunkel wird, und macht gemeinsam eure Bude unsicher!

So geht's:

Einfach einen schwarzen Regenschirm zerlegen: den Griff und die Metallstangen herausnehmen, dann den Stoff in der Mitte teilen und von jeder Hälfte je einen schmalen Keil abschneiden (das werden die Ohren). (Bild 1) In die größeren Stoffstücke die Speichen wieder einsetzen, an der Innenseite mit Draht oder Faden verbinden und rechts und links an Rücken und Unterarm festnähen. Nein, so war das doch gar nicht gemeint! Natürlich sollt ihr die Flügel an den besagten Stellen an einem langärmligen schwarzen T-Shirt anbringen. Oder noch besser: an einer schwarzen

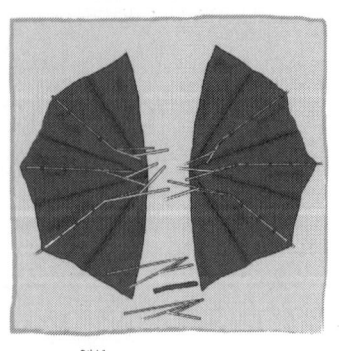

Bild 1

Kapuzenjacke! Dann spart ihr euch im nächsten Schritt auch die Kopf-bedeckung. Mithilfe von je drei Speichen (die mittlere dafür kürzen) könnt ihr euch aus den schmalen Stoffkeilen zwei Fledermausohren bauen. Dafür die Speichen am „spitzen" Ende mit Draht oder Faden verbinden und die Ohren an eine schwarze Kappe oder Mütze – oder eben an die Kapuze – nähen. (Bild 2)

Zieht euch nun komplett schwarz an und schmeißt euch in die ab-gefahrene Flügelmontur. Wenn ihr Lust habt, könnt ihr euch mit Clownsschminke auch noch eine schwarze Maske ins Gesicht malen – fertig: Batman kann die Verfolgung aufnehmen!

Bild 2

Was ihr dazu braucht:

- Zwei schwarze Regenschirme
- Schwarze, langärmlige T-Shirts und schwarze Mützen oder schwarze Kapuzenpullover

Ein Kanu aus alten Schulheften

Guckst du wirklich noch mal in dein altes Matheheft aus der zweiten Klasse? Oder Papa in seine urururalten Studienunterlagen? Genau – und deshalb machen wir jetzt Pappmaschee aus den ollen Kamellen!

Irgendwann im Kindergarten oder spätestens in der Grundschule habt ihr garantiert schon mal Pappmaschee auf einen Luftballon gekleistert und ein Sparschwein draus gemacht. Und als ihr es dann schlachten wolltet, war es überraschend stabil … Nach dem gleichen Prinzip bauen wir jetzt ein Kanu! Ihr glaubt nicht, dass es schwimmt und euch tragen kann? Probiert's doch einfach mal aus!

So geht's:
Zuerst benötigt ihr eine Form (den späteren Innenraum des Kanus), die man entsprechend umkleistern kann. Ihr könnt sie super mit Maschendraht herstellen, den ihr mit Holzbalken in verschiedenen Längen stützt. Alternativ könnt ihr auch eine Kanuform aus langen, dünnen Holzlatten bauen, die ihr auf Holzstützen nagelt. Für zwei Personen sollte das Kanu etwa 4 m lang und in der Mitte etwa 80 cm breit sein.

Für das Pappmaschee müsst ihr jede Menge Mathehefte (oder altes Zeitungspapier) klein reißen und in warmem Wasser einweichen. Dann könnt ihr trockenen Tapetenkleister hinzufügen und unterkneten (dabei am besten Plastikhandschuhe tragen). Gegen Schimmelbildung müsst ihr einen Schuss weißen Essig dazugeben. Die Masse sollte in etwa die Konsistenz von Quark oder saurer Sahne haben – eher zäh als flüssig.

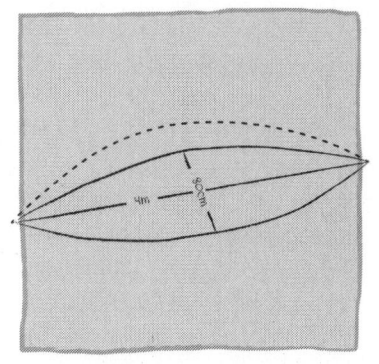

Nun geht's ans Kleistern: Dreht eure Bootsform um und breitet im ersten Schritt nasses Papier (ohne Kleister) darauf aus, um die Löcher in der Form abzudecken. Danach tragt ihr eine erste Lage Pappmaschee-Masse auf. Dabei dürft ihr nicht vergessen, die Luftblasen auszustreichen. Jetzt müsst ihr das Ganze trocknen lassen. Nach und nach tragt ihr dann eine zweite, dritte oder sogar vierte Schicht auf (je nachdem, wie schwer ihr seid, also welcher Belastung das Kanu standhalten muss). Wenn die letzte Schicht getrocknet ist, streicht ihr euer Boot gründlich und lückenlos mit wasserfestem Kunstharz, Epoxidharz oder Lack – auch das gerne zwei Mal hintereinander! So wird euer Kanu zu 100 Prozent wasserdicht.

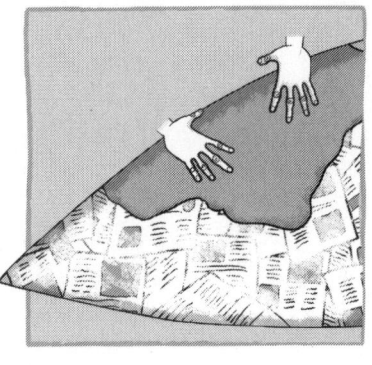

Löst das Kanu dann vorsichtig aus der Form. Am besten dreht ihr das Boot dafür um und hebt es sachte aus dem Gerüst heraus. Wenn nötig, die innere Lage Papier entfernen und die Unebenheiten im Innern mit Pappmaschee ausgleichen.

Ist die Kanuwand bereits dick genug, könnt ihr den folgenden Schritt überspringen. Andernfalls solltet ihr eine lange Latte unten auf dem Boden sowie eine kurze Latte quer in der Mitte einsetzen und festkleben, um die Konstruktion zu stabilisieren.

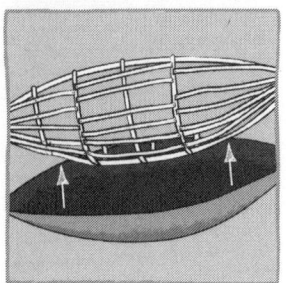

Und jetzt fix ins Wasser damit! Bitte Schwimmwesten tragen (das ist jedoch auch in gewöhnlichen Kanus Pflicht) und (mehr als in gewöhnlichen Kanus) damit rechnen, dass es früher oder später leckschlägt und sinkt – ihr solltet also nicht unbedingt teure Elektrogeräte mitnehmen oder gleich beim ersten Mal endlos weit fahren. In diesem Fall gilt mehr als sonst: Der Weg ist das Ziel! Und was gibt es Lustigeres, als lässig auf alten Matheaufgaben zu schippern?

Was ihr dazu braucht:

- Alte Schulhefte, Studienunterlagen oder einfach Zeitungspapier
- Maschendraht, Holzbalken
- Tapetenkleister
- Essig
- Wasserfestes Kunstharz oder wasserfesten Lack
- Paddel

Im Reich der Lüfte

Richtet euch ein Quartier über den Wipfeln ein

Ein Baumhaus kann alles sein: Piratenschiff, Rakete, Superheldenhöhle, Detektivbüro. Deswegen geht nichts über ein oberirdisches Reich! Am besten mit hochziehbarer Strickleiter, zum Schutz vor feindlichen Banden.

So geht's:

Für so ein luftiges Domizil müsst ihr euch zunächst auf die Suche nach einem geeigneten Baum machen. Ideal sind Weiden, weil ihre Äste herunterhängen und so vor neugierigen Blicken schützen. Grundsätzlich sind jedoch alle Laubbäume geeignet, deren Äste kräftig und quer genug wachsen. Sichtet ihr zwei einigermaßen gleich hohe, nicht zu weit auseinanderliegende Äste, kann es losgehen! Jetzt müsst ihr euch nur noch ein paar stabile, glatt geschmirgelte Bretter unter die Arme klemmen, ausreichend lange Nägel und einen Hammer parat haben und mit all dem Kram den Baum hochkraxeln. (Das ist mit Abstand der schwierigste Teil der Aufgabe … Wie ihr euch das Ganze mithilfe eines Flaschenzugs erleichtern könnt, steht auf Seite 43 ff.). Wenn ihr oben gelandet seid und eine sichere Position zwischen den Ästen finden konntet (unbedingt zunächst einem ausgiebigen Belastungstest

63

unterziehen!), könnt ihr die Bretter auslegen. Für eine einfache Plattform reichen je nach Breite drei bis fünf Bretter nebeneinander. Diese müsst ihr rechts und links mit je zwei Nägeln befestigen. Falls nötig oder gewünscht, könnt ihr nun eine Strickleiter zum Aufstieg befestigen. (Bild 1)

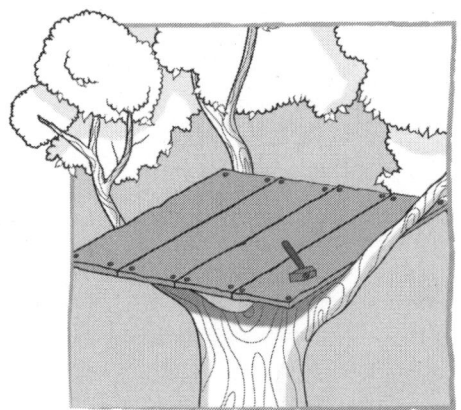

Bild 1

Bild 2

Besonders ehrgeizige Baumherren umbauen die Plattform an zwei oder drei Seiten mit Brettern und spannen eine Regenfolie darüber. Toppen könnt ihr das Ganze, indem ihr ein richtiges Holzdach baut und es mit Dachpappe bezieht. (Bild 2)

Fertig! Und nun? In eurem Baumhaus habt ihr das Sagen und könnt tun und lassen, was ihr wollt: Robin Hood spielen, euch wie die Ritter auf der Burg verschanzen oder wie Bart Simpson im Baumhaus neue Streiche aushecken. Ihr könnt aber auch einfach nur dort oben sitzen und entspannen, quatschen oder lesen. Nirgendwo macht das mehr Spaß als hoch über den Wipfeln!

Was ihr dazu braucht:

- Bretter
- Lange Nägel
- Hammer
- Strickleiter
- Eventuell Plane
  oder Dachpappe

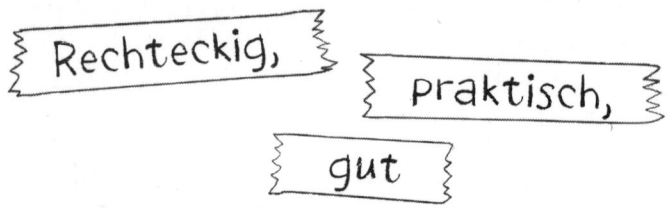

Schreibtisch aus Lkw-Palette

Ein 08/15-Schreibtisch aus dem Möbelladen ist euch zu spießig? Dieser hier ist es ganz bestimmt nicht: Er wird selbst gebaut aus einer alten Holzpalette, wie sie hinter Großmärkten herumliegen. Kostet fast nichts und sieht mächtig cool aus!

In jedem großen Supermarkt werden sie reihenweise mit Gabelstaplern herumgekarrt – und landen dann häufig auf dem Müll. Fragt einfach mal bei einem Großmarkt oder im Baumarkt nach einer alten Holzpalette. Mit etwas Glück werdet ihr schnell fündig und bekommt das gute Stück umsonst. Und ein Palettenschreibtisch hat nicht nur Stil, er kann auch noch was: Das eingebaute Ablagefach eignet sich ideal für Unterlagen oder Ladegeräte, sodass ihr eine praktische Ladestation für all eure technischen Geräte habt.

So geht's:

Sobald ihr eine passende Palette gefunden habt, könnt ihr euch auf den Weg in den Baumarkt machen. Lasst euch dort zwei Platten im Maß der Ober- bzw. Unterseite eurer Palette zusägen, beide mindestens 1 cm dick. Außerdem benötigt ihr drei flache Leisten, so lang, wie die Palette breit ist. Zu guter Letzt besorgt ihr euch im Baumarkt noch vier Tischbeine aus Metall.

Jetzt wird gebaut: Schraubt je eine Platte von oben und unten auf die Palette. (Bild 1) Um den Tisch zu stabilisieren, schraubt ihr zusätzlich die drei flachen Leisten gegen die untere Platte, je eine vorn und hinten und eine längs in die Mitte. (Bild 2) Dann könnt ihr die Tischbeine

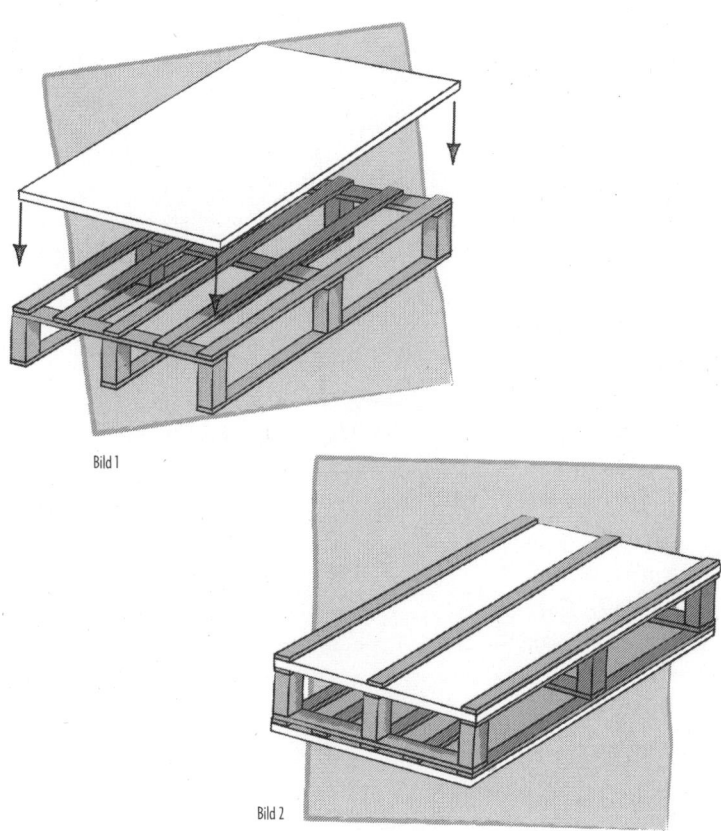

Bild 1

Bild 2

an allen vier Tischecken auf die Latten schrauben. (Bild 3) Den Tisch nun umdrehen, die rauen Kanten abschmirgeln, nach Vorliebe lackieren oder einfach matt lassen und direkt dransetzen und Hausaufgaben machen ... oder einfach nur den Anblick des selbst gebauten Prachtexemplars genießen!

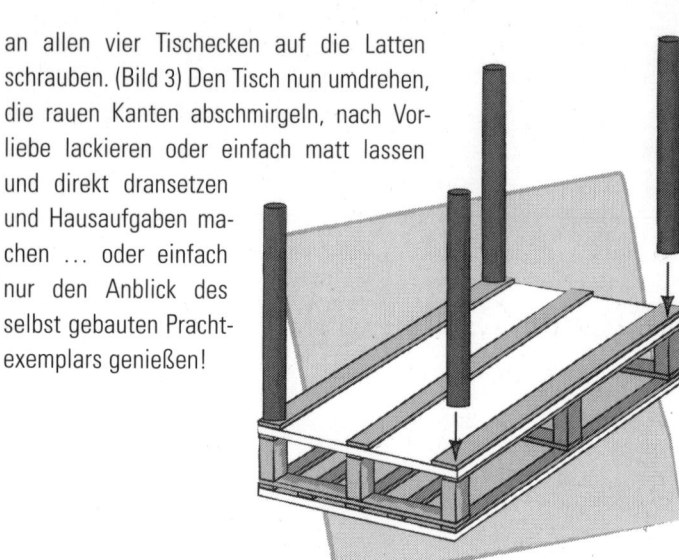

Bild 3

Was ihr dazu braucht:

- 1 Holzpalette
- 2 Holzplatten im Außenmaß der Palette: je mindestens 1 cm Dicke
- 3 flache Latten (Länge der Latten = Breite der Palette)
- 4 Tischbeine
- Ca. 30 Holzschrauben: 50 mm lang
- Sandpapier
- Eventuell Lack

Süße Sauerei

Baut eine Schokokuss-Schleuder

Mund auf, Augen zu – mit einem gezielten Wurf löst ihr die Schokokuss-Schleuder aus, und die klebrige Leckerei landet (hoffentlich), wo sie hingehört!

Am besten verschießt ihr zuerst die klebrigen Schoküsse und saut euch richtig schön ein – danach geht's unter den Gartensprenger, oder ihr veranstaltet eine riesige Wasserschlacht und werft euch mit Wasserbomben sauber. An einem heißen Sommertag gibt's kaum etwas, was mehr Laune macht!

So geht's:

Sägt die Wurfplatten (6 und 7) und die Rundung des Stützbrettes (2) aus. Dazu benutzt ihr am besten eine Stichsäge. Bohrt ein Loch in die Stütze (3) und glättet alle Kanten mit Schmirgelpapier. (Bild 1)

Verschraubt das Stützdreieck (2) mit der Stütze (3) (Schrauben: 5×80 mm) und schraubt den Stopper von oben auf (Schrauben: 4×40 mm). (Bild 2) Nun könnt ihr die Scharniere auf die Hebelarme (8 und 9) schrauben (Schrauben: 4×20 mm), sie müssen etwa 10 mm überstehen. Dann befestigt ihr die Wurfplatten (6 und 7) an den Wurf- bzw. Hebelarmen (8 und 9). Auf dem langen Wurfarm (9) könnt ihr

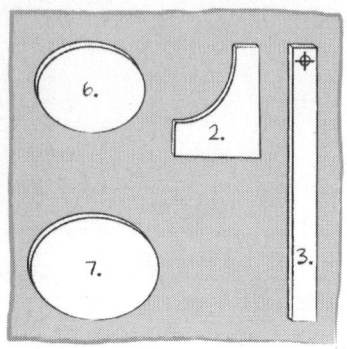

Bild 1

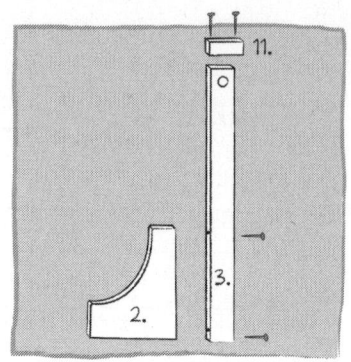

Bild 2

17,5 cm vom Scharnierende entfernt den Rückhalter (10) befestigen (Schrauben: 4×30 mm). Dreht in den kürzeren Hebelarm (8) von oben, unterhalb des Wurftellers (6), eine Ringschraube und in den längeren Wurfarm (9) von unten einen Schraubhaken. (Bild 3)

Die Stützen (2 und 3) schraubt ihr dann mittig und außen abschließend auf die Bodenplatte (1) (Schrauben: 5×80 mm). Nun können die Scharniere für die Wurfarme angebracht werden: Schraubt das Scharnier des längeren Wurfarms (9) mittig auf die Bodenplatte (1) (Schrauben: 4×20 mm). Hierzu müsst ihr einen Abstand von 79,8 cm zwischen der Stütze (3) und dem Scharnier des Hebelarms (9) abmessen. Das Schar-

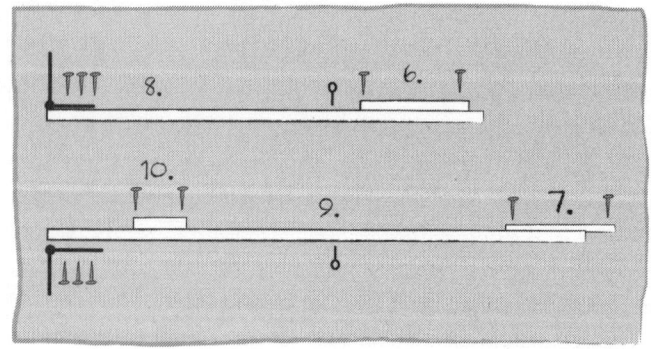

Bild 3

70

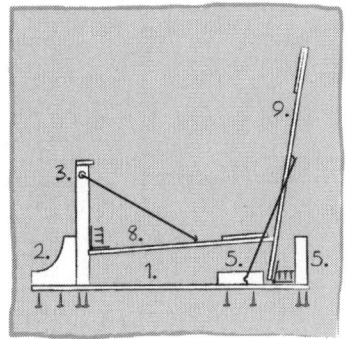

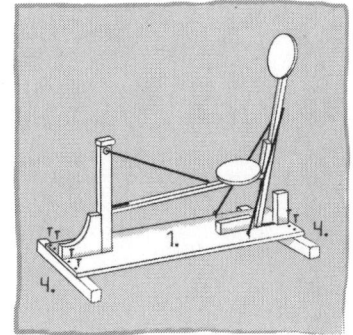

Bild 4   Bild 5

nier des kürzeren Hebelarms (8) schraubt ihr nun in einer Höhe von 14,5 cm (gemessen von der Bodenplatte bis zum Scharnier) an die Stütze (3) (Schrauben: 4×20 mm). Jetzt könnt ihr die Stopper (5) montieren – beachtet dabei, dass der Wurfarm (9) noch genügend Bewegungsspielraum hat. Dreht dann die beiden Ringschrauben seitlich vom Stopper (5, links) in die Bodenplatte.

Zuletzt zieht ihr das Gepäckraumband durch das Loch der Stütze (3) und hakt es in der Ringschraube des Hebelarms (8) ein. Zieht ein zweites Gepäckraumband durch den Haken des Hebelarms (9) und befestigt es beidseitig in den Ringschrauben auf der Bodenplatte. (Bild 4) Schiebt dann die Auflagen (4) unter die Bodenplatte und schraubt sie von oben fest (Schrauben: 4×40 mm). (Bild 5)

Jetzt kann losgeschleudert werden: Legt die Schokoküsse auf den unteren Wurfteller des Hebelarms und setzt die Schleuder in Gang, indem ihr einen Ball gegen den oberen Wurfteller des Wurfarms werft. Habt ihr getroffen, wird der Schaumkuss bis zu 15 Meter weit geschleudert. Ziel ist es natürlich, den fliegenden Schokokuss mit dem Mund aufzufangen. Bis ihr raushabt, wie der „Luftikuss" direkt zwischen euren Lippen landet, muss „leider" ein bisschen Testmunition verschossen werden …

Was ihr dazu braucht:

- Bodenplatte: Leimholzplatte,
  $1,8 \times 120 \times 40$ cm
- Stützdreieck: Tischlerplatte,
  $2,2 \times 20 \times 20$ cm
- Halterung: Kantholz,
  $58 \times 58 \times 50$ cm
- 2 Auflagen: Kantholz,
  $58 \times 58 \times 60$ cm
- 2 Stopper: Kantholz,
  $58 \times 58 \times 20$ cm
- Wurfplatte klein: Tischlerplatte,
  12 mm, Durchmesser 20 cm
- Wurfplatte groß: Tischlerplatte,
  12 mm, Durchmesser 25 cm
- Hebelarm: Rahmenholz,
  24×44 mm, 80 cm
- Wurfarm: Rahmenholz,
  24×44 mm, 100 cm
- Rückhalter: Rahmenholz,
  24×44 mm, 10 cm
- Stopper: Rahmenholz,
  24×44 mm, 10 cm
- 2 Ringschrauben

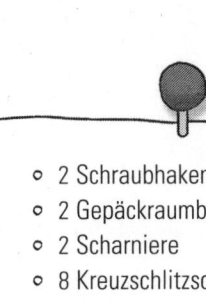

- 2 Schraubhaken
- 2 Gepäckraumbänder
- 2 Scharniere
- 8 Kreuzschlitzschrauben,
  5 × 80 mm
- 10 Kreuzschlitzschrauben,
  4 × 40 mm
- 10 Kreuzschlitzschrauben,
  4 × 30 mm
- 16 Kreuzschlitzschrauben,
  4 × 20 mm
- Akkuschrauber
- Stichsäge
- Holzbohrer

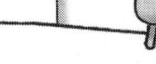

- Holzleim
- Zange
- Zirkel
- Zollstock
- Bleistift
- Schleifpapier
- Wurf- oder Tennisbälle
- Schokoküsse (je mehr,
  desto besser)

Indoor-Spaß

Denkmalgeschützt!

Verewigt euch in einer Gipsmaske

Bestimmt kennt ihr diese langweiligen historischen Museen voller herrschaftlicher Büsten und Statuen irgendwelcher Persönlichkeiten, die heute allen total egal sind. Ganz anders sieht die Sache aus, wenn es um euer eigenes Antlitz geht – das solltet ihr auf alle Fälle verewigen! Noch dazu ist das Rumgepansche mit Gipsbinden eine superlustige Schweinerei.

So geht's:

Schneidet Gipsbinden in Stücke von etwa 30 cm Länge, sodass sie später das ganze Gesicht bedecken. Bevor ihr richtig lospanscht, sollte sich das „Model" das Gesicht gut mit Vaseline eincremen, damit sich die Maske nachher schmerzfrei wieder lösen lässt. Am besten stopft ihr euch zusätzlich noch Watte in die Ohren und steckt euch abgeschnittene Strohhalme in die Nase, sodass kein Gips hineinläuft. Nun sollte der zu Verewigende seinen Kopf möglichst bequem auf ein Kissen legen und Mund und Augen geschlossen halten.

Das Alginat könnt ihr nach Packungsanweisung anrühren und dann zügig auf dem Gesicht verteilen. Nun müsst ihr das Zeug fest werden lassen, das dauert etwa 2 bis 3 Minuten. Danach weicht ihr die Gipsbinden ein, legt sie auf das Alginat und streicht sie glatt. Jetzt noch-

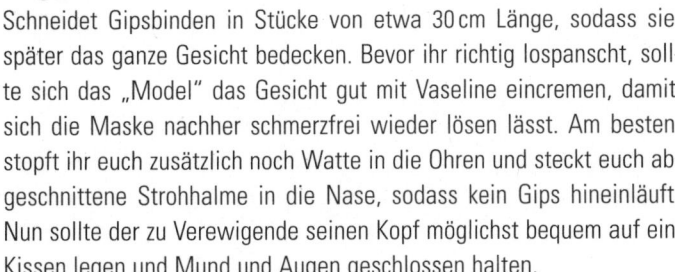

mals mindestens 15 Minuten warten. In dieser Zeit darf sich das „Model" auf keinen Fall bewegen – vereinbart also vorher, ob ihr ein Hörbuch hören wollt, ob der Eingegipste vom anderen eine Geschichte vorgelesen bekommt … oder einfach seine Ruhe haben will. Nach dem Trocknen müsst ihr die Form VORSICHTIG abnehmen, indem ihr sie langsam hin und her bewegt, bis sie sich vom Gesicht löst.

Jetzt könnt ihr den Gips anrühren (eher etwas zu flüssig als zu fest) und die Form von innen ausgießen. Anschließend müsst ihr geduldig sein und eure Maske mindestens zwei Tage aushärten lassen. Wenn der Gips dann knallhart ist, könnt ihr die Form samt Alginat abnehmen und euer Ebenbild bewundern. Kleine Schönheitsfehler schmirgelt ihr mit Sandpapier babypoglatt. Nun müsst ihr nur noch einen Ehrenplatz für euer Exponat finden!

Was ihr dazu braucht:

- Alginat
- Gipsbinden: 2 – 3 Pakete
  à 1 m Länge pro Gipskopf
- Einige Tassen oder Schalen
  zum Einweichen und Anrühren
- Gipspulver
- Vaseline
- Watte
- 1 altes Kissen
- 1 Strohhalm

... unter einer plätschernden Regendusche

Entspannter kann Duschen kaum sein: Bastelt euch eine angenehm sanfte Regendusche, wie sie gerade in jedem modernen Luxusbadezimmer zu finden ist. Das geht ganz einfach, nur mithilfe einer alten CD-Spindel!

Aus einer Regendusche schießt das Wasser nicht heraus, sondern tröpfelt angenehm, wie ein warmer Dschungelregen durch ein Blätterdach. So eine Dusche bringt an heißen Sommertagen erfrischende Abkühlung und an kühleren Tagen entspannende Wärme. Doch statt euch ein solches Ding zu kaufen, probiert es doch mal mit der Marke Eigenbau. Zum Testen reicht die selbst gemachte Variante allemal.

So geht's:

Nehmt Zirkel und Lineal zur Hand und zeichnet auf die Oberseite des durchsichtigen CD-Spindeldeckels mehrere Kreise in unterschiedlichen Größen sowie von der Mitte ausgehend einige „Strahlen". Nun braucht ihr einen kleinen spitzen Nagel: Erhitzt ihn, indem ihr ihn mit einer Kombizange in eine Teelichtflamme haltet. An den Kreuzungspunkten von Kreisen und Strahlen könnt ihr mit dem Nagel nun

Löchlein in den Deckel stechen bzw. schmelzen. Dann plätschert das Wasser später schön gleichmäßig heraus.

Aus der Unterseite der CD-Spindel schneidet ihr den Pfropfen in der Mitte (auf dem die CDs steckten) heraus. Da das Plastik relativ weich ist, verwendet ihr hierfür am besten einen Teppichcutter. Durch das entstandene Loch (Durchmesser ca. 1–1,5 cm) führt ihr ein kleines Plastikröhrchen von ungefähr demselben Durchmesser.

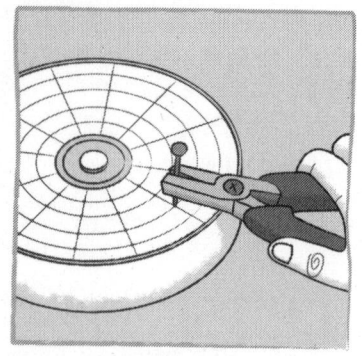

Schiebt es so weit in das Loch, dass es auf der Innenseite der Verpackung etwa 1 cm herausragt und auf der Außenseite (der bisherigen Unterseite) etwa 2–3 cm. Das Ganze müsst ihr wasserdicht abkleben, dazu nehmt ihr am besten eine Klebepistole. Nun könnt ihr die Spindel schließen (Oberseite auf Unterseite setzen und arretieren) und wiederum wasserdicht verkleben.

Jetzt geht's in die Nasszelle. Dort schraubt ihr die vorhandene Dusche vom Duschschlauch ab (oder ihr verwendet einen zweiten Duschschlauch). Um die Regenspindel einzubauen, schraubt ihr über der Dusche einen Haken in die Decke. Hier könnt ihr den Duschschlauch hindurchführen (alternativ befestigt ihr den Schlauch

einfach mit einem Band am Haken). Nun müsst ihr das Schlauchende über das Röhrchen an der CD-Spindel schieben und ggf. verkleben. (Achtung: Falls ihr ihn festklebt, kann der Schlauch nicht wieder für den alten Duschkopf verwendet werden.) Fertig. Jetzt müsst ihr nur noch auslosen, wer den tropischen Nieselregen zuerst genießen darf!

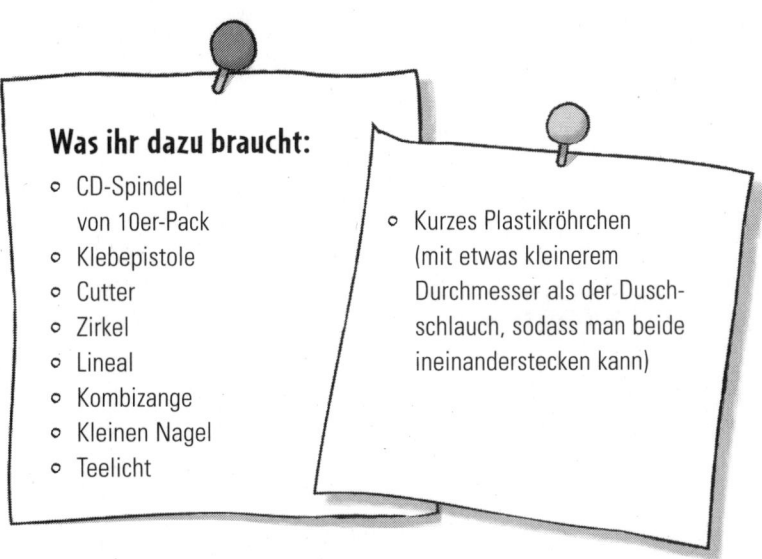

Was ihr dazu braucht:

- CD-Spindel
  von 10er-Pack
- Klebepistole
- Cutter
- Zirkel
- Lineal
- Kombizange
- Kleinen Nagel
- Teelicht

- Kurzes Plastikröhrchen
  (mit etwas kleinerem
  Durchmesser als der Duschschlauch, sodass man beide
  ineinanderstecken kann)

Streicht euch eure Villa Kunterbunt

Das ganze Weiß in eurem Zimmer ist euch viel zu blass? Dann nichts wie rein in den Overall, Folie auslegen, Farbeimer auf und los geht's mit der Wandbemalung! Ein cooler neuer Anstrich geht leichter als gedacht. Und es muss ja auch nicht gleich das komplette Zimmer sein. Oft reicht schon eine Wand in neuem Look – und euer Zimmer ist kaum wiederzuerkennen!

So geht's:
Sucht euch im Baumarkt eine Farbe (oder warum nicht gleich zwei oder drei Farben) aus, rückt sämtliche Möbel mindestens einen Meter von der Wand und klebt alle Kanten mit Kreppband ab.

Tipp: Seid hier besonders sorgfältig und klebt das Kreppband möglichst gerade an den Kanten zu den angrenzenden Wänden bzw. zwischen Böden und Wänden entlang, damit auch ja kein Pinselstrich danebengeht!

Dann breitet ihr auf dem Boden Plastikfolie („Malerfolie") aus und fixiert sie am unteren Rand der Wand mit Kreppband. Jetzt bekommt einer von euch den kleineren Pinsel für die Ecken in die Hand, der andere die Malerrolle, und schon könnt ihr munter drauflosstreichen.

Ist euer Anstrich nicht ganz gleichmäßig geworden, müsst ihr der Wand wohl eine zweite Farbschicht spendieren – Übung macht den Meister!

Nach dem Streichen heißt es: Fenster auf und trocknen lassen (mindestens 12 Stunden). Erst wenn die Farbe komplett getrocknet ist, könnt ihr das Kreppband vorsichtig entfernen.

Falls euch zum Pinselschwingen die Lust oder Zeit fehlt, tut's auch ein cooles Wandtattoo. Die gibt's im Baumarkt oder online. Und auf manchen Internetseiten könnt ihr sogar eure ganz individuelle Version gestalten! Dieser Spaß hat allerdings seinen Preis ... Günstiger und origineller wird's, wenn ihr einfach selbst eines entwerft: Auf ein DIN-A4-Blatt zeichnen, größer kopieren, mit Kreppband an die Wand kleben und ausmalen oder -sprayen – und schon habt ihr den ultimativen Streetart-Style in euren eigenen vier Wänden!

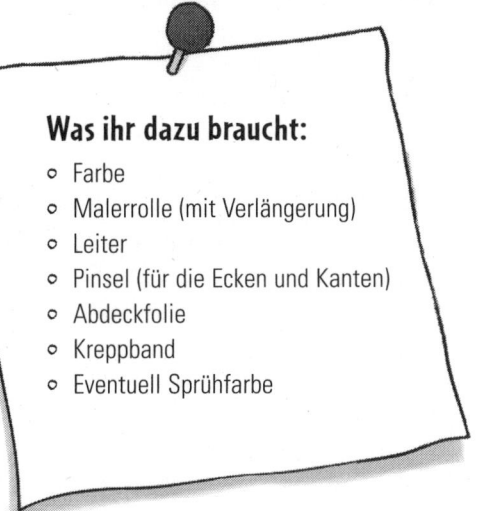

Was ihr dazu braucht:

- Farbe
- Malerrolle (mit Verlängerung)
- Leiter
- Pinsel (für die Ecken und Kanten)
- Abdeckfolie
- Kreppband
- Eventuell Sprühfarbe

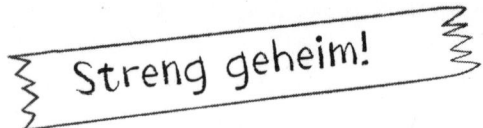

Streng geheim!

Eine Schrift, die nur ihr beide entziffern könnt

Reden wird generell überbewertet. Viel spannender ist es doch, sich mithilfe geheimer Botschaften zu verständigen. Am sichersten ist das mit einer ganz eigenen Geheimschrift, die nur ihr beide versteht. Oder ihr schreibt euch mysteriöse Nachrichten, die der jeweils andere dann enträtseln muss.

„Enigma" hieß die als unknackbar geltende Verschlüsselungsmaschine der deutschen Soldaten im Zweiten Weltkrieg. Doch als den Gegnern der Code bekannt wurde, wendete sich das Blatt ... Zu allen Zeiten hat es gute Gründe gegeben, Nachrichten in Geheimschrift niederzulegen – damit sie nicht in falsche Hände gelangen, damit eine Überraschung nicht vorab verdorben wird.

So geht's:
Eine einfache Möglichkeit, eine (kurze) Nachricht zu übermitteln, besteht darin, in einem beliebigen Buch mit einer Stecknadel Löcher unter den Buchstaben einzustechen, die hintereinander gelesen deine Botschaft ergeben. (Probiert es am besten gleich mal aus: Könnt ihr die Nachricht auf diesen Seiten entschlüsseln?)

Viele Geheimschriften basieren auch auf einem Verschiebetrick. Um diese List zu verstehen, zeichnet ihr mit einem Zirkel einen möglichst großen Kreis auf ein Blatt Papier und schneidet ihn aus. Dann schreibt ihr die Buchstaben des Alphabets (und wenn ihr wollt, auch noch die Satzzeichen und Ziffern) an den Rand des Kreises. Nun schneidet ihr einen zweiten, etwas kleineren Kreis aus, befestigt ihn mit einer „Musterklammer" (das sind die Dinger, mit denen man Briefe zuklammern kann) in der Mitte der größeren und schreibt die Buchstaben und alles, was ihr sonst noch auf dem äußeren Ring stehen habt, auf dem inneren Ring genau daneben. Ein Tipp: Damit die Buchstaben und Zeichen schön gleichmäßig auf den Kreisen verteilt stehen, könnt ihr den Kreisumfang mithilfe des Zirkels in entsprechend viele Stücke aufteilen. Dabei lasst ihr euch am besten von Papa helfen!

Danach müsst ihr nur noch die Scheiben in gegenläufige Richtungen drehen und die Zeichen auf dem inneren Kreis jeweils einem neuen Zeichen auf dem äußeren Kreis zuteilen – dem A im inneren Kreis wird dann z. B. ein F aus dem äußeren Kreis zugeordnet, das bedeutet, dass ein A nun immer wie ein F zu lesen ist. Aus dem B wird dann ein G, aus dem C ein H und so weiter. Der erste Buchstabe der Nachricht gibt an, wie die Scheiben stehen müssen, um die einzelnen Zeichen zu übersetzen. In diesem Beispiel wäre der erste Buchstabe eurer neuen Sprache also ein F – er zählt dann aber nicht zur Nachricht. Um die Botschaft entziffern zu können, braucht der Empfänger natürlich auch so eine Geheimschrift-Drehscheibe.

Ein kleiner Test:
Kannst du den folgenden Text lesen?
N – Qvrf vfg rvar trurvzr Obgfpunsg

Angeblich hat schon Cäsar auf diese Weise Briefe verschlüsselt. Und auch heute wird diese Geheimschrift noch genutzt, z. B. im Internet, um Infos über eine TV-Serie oder Lösungen von Rätseln codiert zu veröffentlichen. Ein und dieselbe Methode wird hier mit einer Verschiebung um 13 Buchstaben verwendet – der Code heißt dann ROT-13.

Es gibt aber auch noch jede Menge andere Geheimschriftvarianten, wie z. B. Fünfer-Botschaften – dabei gilt nur jeder fünfte Buchstabe. Willst du z. B. schreiben „Schule ist doof!", wird daraus:
S̲sogtc̲bxgTh̲PÜ5"u̲lkjhl̲qc Ze̲XXfT__098%i̲cfdts̲@gtdt̲yxfz__dgvdd̲PTG-Vo̲yxrqo̲?=)(f><ft!̲ztGR

Und, welche Geheimschrift gefällt euch am besten? Wenn ihr sie ein bisschen übt, seid ihr schon bald die perfekten Undercoveragenten! Und sicher fällt euch auch noch eine ganz eigene Schrift ein – die ist dann besonders geheim, weil nur ihr beide sie kennt.

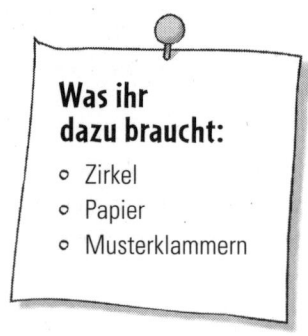

Was ihr dazu braucht:

- Zirkel
- Papier
- Musterklammern

Ganz schön fesselnd

Knifflige Knoten und Zaubertricks mit Seilen üben

Den einen reicht es, wenn sie ihre Schuhe zubinden können (und manch einer muss selbst das noch üben ...). Andere knüpfen liebend gern stundenlang die ausgeklügeltsten Knoten. Doch egal ob Knoten-Profi oder Knoten-Muffel: Knotige Zaubertricks machen garantiert allen Spaß!

Stimmt, für den Alltag muss man tatsächlich nicht viele Knoten kennen. Es gibt jedoch eine Reihe Sportarten, für die verschiedene Knoten unverzichtbar sind: Bergsteigen, Segeln oder Angeln zum Beispiel. Und kennt man sich mit dem Kuddelmuddel aus Seilen und Schnüren aus, stellt man schnell fest, dass Knoten doch für ganz viele Zwecke nützlich sein können. Außerdem macht es großen Spaß, sie zu lernen – auf die Plätze, fertig, losgeknotet!

So geht's:
Kleine Knotenlehre
Achter – 100%ig angeseilt!
Der Achter wird häufig zum Anseilen beim Klettern geknotet. Er funktioniert genau so, wie er heißt: einfach eine Acht knoten! Das geht so:

Legt eine Schlaufe, führt sie über das doppelt liegende
Seil hinweg, dann unter dem doppelten Seil hindurch, schließlich von
unten durch den Kringel der entstandenen „Acht" und zieht sie nun gut
fest. Ein Vorteil (oder manchmal auch Nachteil) ist, dass sich der Knoten relativ leicht wieder lösen lässt.

Hier noch die *gesteckte Variante:* Bildet eine große Schlaufe mit dem
Seilende, führt dann das eine Seilende über das andere und danach
darunter hindurch. Steckt es nun von oben durch die obere Schlaufe
der entstandenen „Acht". Bildet mit dem Seilende eine weitere (klei-

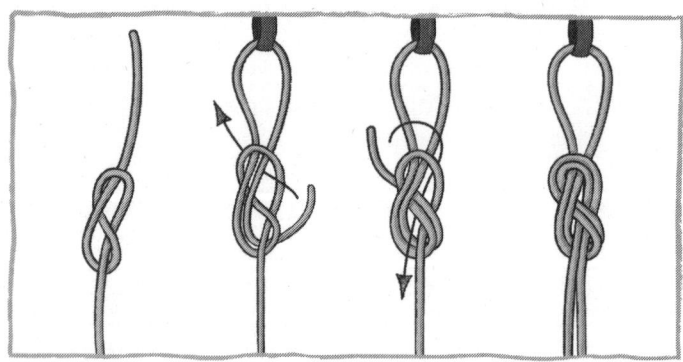

nere) Schlaufe oberhalb der „Acht", steckt das Seil von unten zurück durch die obere Achter-Schlaufe, führt es unter dem anderen Seilende hindurch und formt eine weitere Schlaufe, sodass die beiden Seilenden in dieselbe Richtung zeigen. Zum Schluss müsst ihr den Knoten so festziehen, dass die obere Schlaufe erhalten bleibt.

Palstek – Das A und O für Segelfans

Legt euch ein sogenanntes „Auge" (eine kleine Schleife im Seil) und steckt dann das kürzere Seilende von unten durch die Schleife hindurch, führt es über den längeren Seilteil hinweg, dann darunter hindurch und – von der anderen Seite und diesmal von oben kommend – erneut durch das „Auge". Die vor euch liegende Schlaufe müsst ihr nun nur noch stramm ziehen, fertig. Praktisch: Der Palstek lässt sich mühelos wieder öffnen!

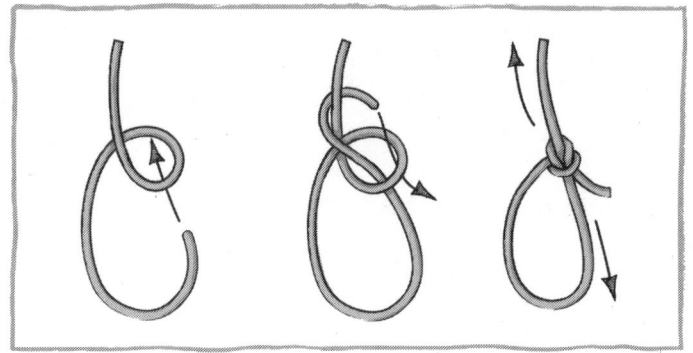

Sackstich – der bergige Knoten

Der Sackstich ist vor allem bei Bersteigern beliebt. Es gibt zwei Varianten:

1) Bildet mit dem Seil eine Schlaufe. Schlagt sie zurück über das Seil, führt sie von unten durch das entstandene „Auge" und zieht sie dann stramm. (Im Grunde ein „normaler" Knoten wie beim Schnürsenkel-

binden, aber mit einem doppelt gelegten Seil.)

2) Bindet in einigem Abstand zum Seilende einen Knoten, zieht ihn jedoch nicht fest. Führt das kürzere Seilende von unten ein zweites Mal durch das „Auge" des Knotens, sodass ein etwa untertassengroßer „Ring" entsteht.

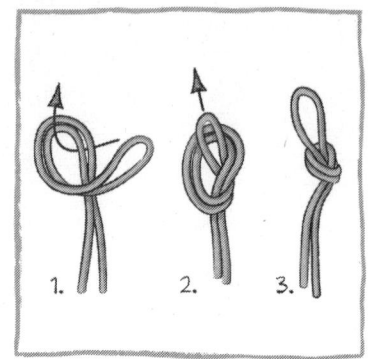

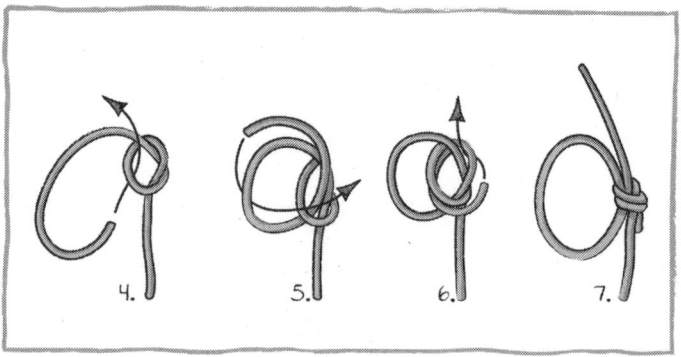

Das Seilende nun ein drittes Mal von unten durch das „Auge" des Knotens führen, den Knoten gut festziehen, den Ring dabei aber beibehalten.

Schostek – ein spannender Seglerknoten

Der Schostek eignet sich gut dazu, zwei unter Spannung stehende Seile miteinander zu verbinden. Ihr beginnt mit einer „Bucht", indem ihr das Ende des einen Seils zurückschlagt, sodass sich eine Art lang gezogenes „U" bildet. Dann steckt ihr das zweite Seil von unten durch das „U", führt es über das kürzere Ende des ersten Seils, unter beiden

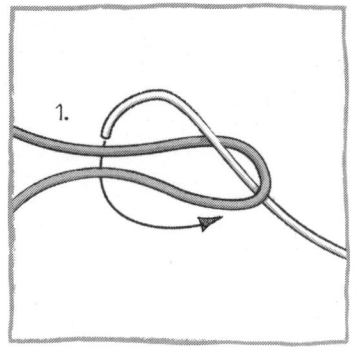

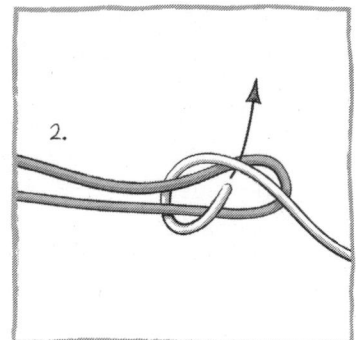

Teilen des ersten Seils hindurch und schließlich über die „Bucht" hinweg unter sich selbst hindurch. Gut festziehen, fertig! Der Knoten lässt sich mühelos wieder öffnen – sind beide Seile stramm gezogen, hält er jedoch bombensicher!

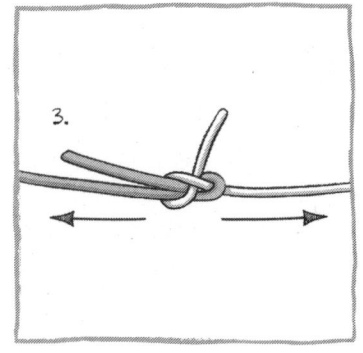

Wer nun seine Fingerfertigkeit geübt hat, ist bereit für faszinierende Tricks mit Seilen, Fäden und Knoten.

Am besten, jeder von euch lernt einen anderen Trick – sobald ihr die Zaubereien draufhabt, könnt ihr sie euch gegenseitig vorführen!

Magische Knotentricks
Ein knotiges Ende!

Mache etwa 10 cm vor dem Seilende einen Knoten in ein Seil. Verbirg den Knoten in deiner Hand und lass das Seilende deutlich sichtbar heraushängen. Nun präsentierst du es deinem Publikum als ein stinknormales Seil. Nimm dann das zweite Ende in die Hand (leg das Seil also zu einer Schlaufe), und mach mit deiner Hand mehrfach eine schlagende Bewegung nach unten, als wolltest du in der Luft einen Knoten formen. Jetzt ist dein Schauspieltalent gefragt: Am besten täuschst du zunächst ein oder zwei Mal vor, dass dein Trick nicht geklappt hat und schüttelst frustriert den Kopf. Schließlich sagst du einen Zauberspruch auf (z. B. „Lirum, larum, Hackebeil, dies ist jetzt ein Knotenseil") – diesmal lässt du das andere Seilende mit dem Knoten darin los und präsentierst es stolz deinen staunenden Zuschauern!

Fadentrick – ganz von der Rolle!
Stecke eine Garnrolle in die Innentasche deiner Jacke und fädle (mithilfe einer Nadel) den Faden von innen durch einen Knopf, sodass er lose heraushängt. Am besten wählst du ein Garn in deiner Jackenfarbe aus. Warte nun, bis dich jemand auf den losen Faden anspricht (wenn das zu lange dauert, kannst du z. B. auch deine Mama darauf aufmerksam machen), und beginne dann, an dem Faden zu ziehen …, und zu ziehen …, und endlos immer, immer weiterzuziehen …

Die mysteriöse Zauberschlaufe
Dieser Trick wirkt nur, wenn du ihn sehr schnell vorführst, also üben, üben, üben! Du benötigst eine Schnur von etwa 1 m Länge, die du an den Enden verknotest, sodass daraus eine Schlaufe wird. Fädle die Schnur durch ein Haargummi oder einen Armreif. Spanne sie dann deinem Mitspieler über beide Daumen und weise ihn an, sie stramm zu halten. Nun greifst du mit der linken Hand die in deine Richtung zeigende Schnur und ziehst sie ein wenig zu dir. Anschließend nimmst du mit der rechten Hand den Teil der Schnur, der zwischen dem Haargummi/Armreif und deiner linken Hand liegt. Deine Linke lässt du unverändert, mit der Rechten führst du die Schnur über den linken (von dir aus rechts liegenden) Daumen deines Gegenübers. Wieder mit rechts greifst du jetzt die hintere Schnur links vom Haargummi/Armreif und legst sie ebenfalls über den linken Daumen deines Mitspielers. Schließlich forderst du ihn auf, die Schnur straff zu ziehen. In diesem

Moment lässt du los – schon fliegt das Haargummi bzw. der Armreif zu Boden. Findest du beim Üben heraus, warum?

1.

2.

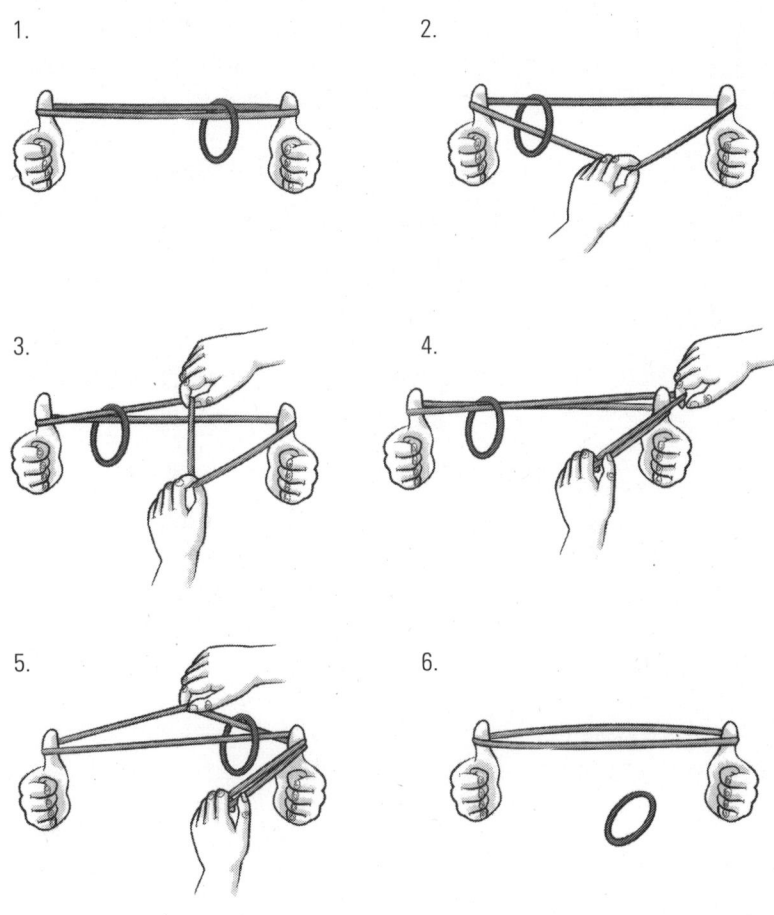

3.

4.

5.

6.

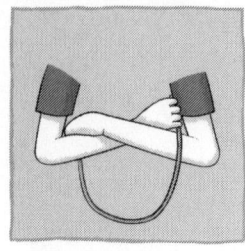

Das große Knotenrätsel

Bitte dein Gegenüber, ein Seil an beiden Enden anzufassen und einen Knoten zu binden, ohne die Seilenden dabei loszulassen. Gibt er auf, verschränkst du deine Arme über Kreuz, nimmst je ein Seilende in jede Hand, ziehst die Arme wieder auseinander – und schwups!, ist ein Knoten im Seil!

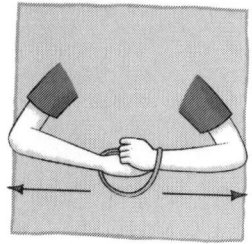

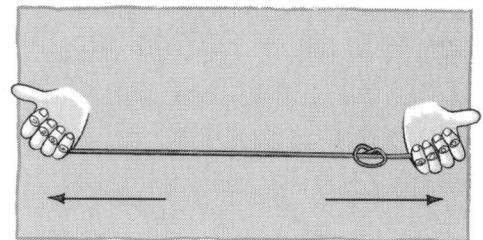

Was ihr dazu braucht:

Knoten:
- 2 dickere Seile:
  je ca. 2 m lang

Zaubertricks:
- Seil: ca. 50 cm
- Schnur: ca. 1 m
- Garnrolle
- Nähnadel
- Haargummi oder Armreif

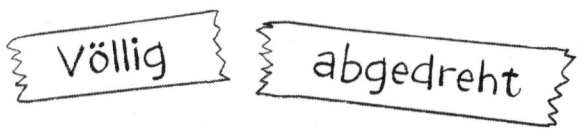

Kreiselt um die Wette

Was ist eigentlich so toll an Kreiseln? Schwer zu sagen – doch kaum liegt einer in Reichweite, lässt man ihn direkt über den Boden sausen. Am meisten Spaß macht es natürlich, wenn die kleinen Flitzer auch noch selbst gebastelt sind.

So geht's:

Um kunterbunte Kreisel zu bauen, müsst ihr etwas stärkeres Papier bzw. dünnen Bastelkarton in schmale Streifen schneiden. Die Streifen sollten nur etwa 5 mm bis 1 cm breit sein. (Bild 1) Das eine Ende des Streifens klebt ihr mit einem Flüssigkleber an einem Zahnstocher fest (ca. 1 cm oberhalb der Zahnstocherspitze). (Bild 2) Den Rest des Streifens rollt ihr dann fest um den Zahnstocher, bis eine Art Scheibe entsteht. Das Streifenende könnt ihr wiederum mit Kleber fixieren. (Bild 3) Noch drehstabiler wird er, wenn ihr weitere Scheiben aus kürzeren Papierstreifen am Zahnstocher anbringt und jeweils an der unteren größeren Scheibe befestigt, bis eine Art Zylinder bzw. stufiger Kegel entsteht. Die Zahnstocherspitze sollte jedoch noch oben herausgucken, sonst könnt ihr den Kreisel nicht richtig in Schwung bringen. Besonders hübsch werden eure Kreisel, wenn ihr Papier in verschiedenen Farben verwendet oder euren Turbokreisel ganz einfach bunt bemalt.

Bild 1

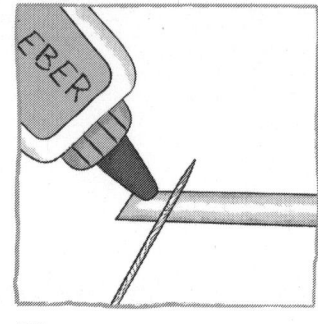
Bild 2

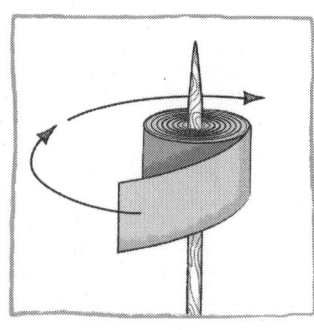
Bild 3

Wie wäre es nun mit einem Kreisel-Wettbewerb? Welcher Kreisel dreht sich am längsten, welcher am schönsten, und welcher bekommt den Preis für das tollste Design? Und wer kann am Ende noch zugucken, ohne dabei selbst schwindelig zur Seite zu kippen? Also: Fix Kleber und Schere besorgen, viele Kreisel zusammenbasteln und dann jede Menge Schwung geben!

Was ihr dazu braucht:

- Zahnstocher
- Starkes Papier
  oder Bastelkarton
- Schere oder Papiermesser /
  Cutter, Lineal
  und Bastelunterlage
- Flüssigkleber

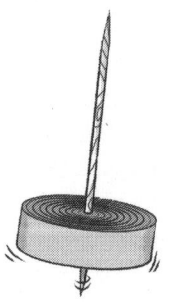

Schuhe

machen Leute

Neuer Style für alte Treter

In der Mathestunde mit dem Kuli auf den Turnschuhen rumkritzeln ... das ist doch gähnend langweilig. Passt auf, aus euren alten Latschen könnt ihr noch einiges mehr rausholen!

Shopping nervt! Schuhe shoppen erst recht! Und die Dinger, die Mutter anschleppt, kann man sowieso vergessen. Die Lösung: Designt eure Schuhe einfach selbst. Kramt doch einfach mal im Schuhschrank, dort findet sich garantiert noch irgendein altes Paar, das nur darauf wartet, ordentlich aufgemotzt zu werden.

So geht's:

Besonders gut lassen sich natürlich weiße Schuhe bemalen. Perfekt sind Stoffschuhe – hierauf hält die Farbe am besten. Zum Malen nehmt ihr Textmarker, Lackstifte oder auch einfache Plakafarbe. Ob geometrische Muster, Piratenmotive, Weltuntergangsszenarien oder Graffiti – alles ist erlaubt! Auch mit kurzen Sprüchen lässt sich die Fußbekleidung ordentlich aufpeppen. Dabei kann man gut mit der Schriftgröße variieren: Tragt z. B. ein oder zwei Schlüsselworte richtig groß auf und die restlichen Wörter kleiner.

Natürlich könnt ihr euch auch über farbige Schuhe hermachen. Beim Bemalen müsst ihr dann aber Farben wählen, die sich deutlich von der Schuhfarbe abheben.

Bevor ihr anfangt, skizziert ihr das Motiv am besten auf einem Blatt Papier. Und auch wenn das ganz schön spießig klingt: Der Schuh, der bemalt werden soll, muss sauber, trocken und staubfrei sein. Nehmt die Schnürsenkel heraus und zeichnet die Umrisse eures Motivs auf dem Schuh mit Bleistift vor. Wenn ihr keine Fans von detailverliebten Gemälden seid, geht das ganz fix … Und für die ganz schnelle Sorte hier noch eine andere Variante: Einfach den ganzen Schuh in einen Lackeimer tunken und dann gut trocknen lassen, und schon ist er innen und außen komplett eingefärbt! Wie wäre zum Beispiel ein grelles Grün? Oder ihr kauft euch eine Dose Sprühlack und verpasst euren Schuhen damit einen neuen Anstrich. Wenn ihr die Treter eine Weile getragen habt, fängt der Lack natürlich irgendwann an zu bröseln – gar nicht schlimm, der „Used Look" ist schließlich ganz besonders „in"!

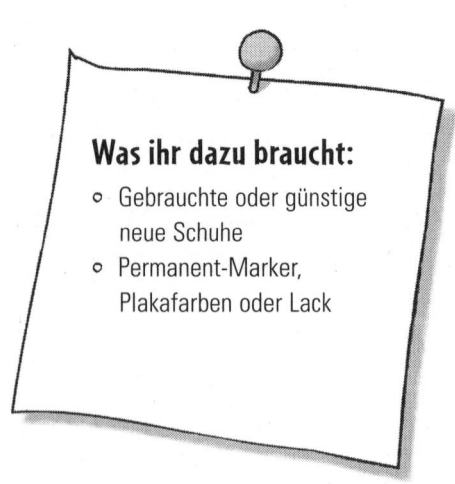

Was ihr dazu braucht:

- Gebrauchte oder günstige neue Schuhe
- Permanent-Marker, Plakafarben oder Lack

Slimmy Slime

Glibberiger Schleim und knallbunte Knete

Rummatschen ist einfach super – das weiß doch jedes Kind! Glibberigen Schleim kann man sich aber auch ganz einfach selbst zusammenpanschen. Hier fängt der Spaß schon an! Mehr Lust auf Knete als auf Schleim? Auch davon könnt ihr euch mit ein paar Hilfsmitteln eine bunte Portion zusammenmixen.

So geht's:

Knete selber mixen

Je Knetportion sieht die Zusammensetzung wie folgt aus: Mischt eine Tasse Stärkemehl mit zwei Tassen feinem Sand, gebt eine Tasse Wasser und nach Belieben kunterbunte Lebensmittelfarbe dazu. Das Ganze müsst ihr dann in einem Topf auf dem Herd erhitzen. Schon ist die Sandknete fertig! Nun muss sie nur noch abkühlen – danach kann direkt losgeknetet werden. Nach einigen Tagen härten eure KnetKunstwerke an der Luft. Damit sie weich und formbar bleibt, müsst ihr die Knete luftdicht verpacken, z. B. in einer Tupperdose. So könnt ihr immer wieder neue Knetfiguren daraus basteln.

Schleim selber matschen

Mehr Spaß als Knete bringt nur noch „Slime", denn er ist wunderbar schleimig und sinnfrei! Um Schleim zu panschen, müsst ihr 1,8 g Guarkernmehl abwiegen und mit 100 ml heißem Wasser zu einem Brei verrühren. Dann könnt ihr nach Lust und Laune Lebensmittelfarbe hinzugeben. Rührt 15 ml gesättigte Borax-Lösung unter, füllt den heißen Slime in eine Plastiktüte und lasst ihn im Kühlschrank eine halbe Stunde abkühlen. Danach könnt ihr eure Zeit damit verplempern, die schleimige Pampe von einer Hand in die andere zu quetschen. Oder andere glibbrige Dinge damit anstellen … Bestimmt habt ihr viele schön schleimige Ideen!

Was ihr dazu braucht:

Knete
- 1 Tasse Stärkemehl
- 2 Tassen feinen Sand (z. B. Vogelsand)
- 1 Tasse Wasser
- Lebensmittelfarbe

Slime
- Guarkernmehl (125 g kosten ca. 3 €)
- Borax (Natriumtetraborat) aus der Apotheke
- Lebensmittelfarbe
- Kleine Plastiktüten

Schummeln strengstens erbeten!

Wer pokern kann, ist klar im Vorteil – und das nicht nur im Spielkasino. Auch auf dem Flohmarkt oder sogar in der Schule und im Job sind ein bisschen charmantes Schummeln und Austesten oft äußerst hilfreich. Darum greift zu den Karten und trainiert euer Pokerface!

Zuallererst die wichtigsten Pokerbegriffe:

Blatt (Hand): Karten, die der Spieler in der Hand hält (nicht mehr als fünf Karten).

Pot: Der Geldbetrag, der von den Spielern (normalerweise in Form von Chips) im Verlaufe des Spiels gesetzt wurde. Beim Pokern geht es darum, den Inhalt des Pots zu gewinnen, der mit jeder Einsatzrunde wächst. Halten zwei Spieler das gleiche Blatt, wird der Inhalt des Pots fifty-fifty unter den beiden aufgeteilt.

Mitgehen (Call): Zahlung des von dem vorhergehenden Spieler genannten Einsatzes, um im Spiel zu bleiben.

Aussteigen (Fold): Der Spieler legt seine Karten ab und verzichtet damit auf die Chance, in diesem Spiel den Pot zu gewinnen. Dadurch verliert er auch seine Einsätze komplett (wird auch „passen" genannt).

Erhöhen (Raise): Den bisherigen Einsatz überbieten. Alle anderen Spieler müssen nun entweder mitgehen, aussteigen oder ihrerseits weiter erhöhen.

Checken (Check): Auch „schieben" genannt – der Spieler setzt aus, bleibt aber weiterhin im Spiel.

Rangfolge der Blätter:

Die Reihenfolge der Karten von der niedrigsten zur höchsten Karte ist 2, 3, 4, 5, 6, 7, 8, 9, 10, Bube (B), Dame (D), König (K), Ass (A). Das Ass kann bei Bedarf zugleich als niedrigste Karte gelten. Bei den Farben besteht keine Rangfolge, sie sind alle gleichwertig. Generell gilt, dass ein höheres Blatt alle niedrigeren Blätter schlägt.

Kartenkombinationen:

Paar / Zwilling (One pair): Zwei von fünf Karten haben den gleichen Wert, z. B. hält der Spieler zwei Könige auf der Hand. Ein Ass-Paar ist das höchste Paar und ein 2er-Paar das niedrigste; die Farben sind dabei egal. Haben zwei Spieler jeweils das gleiche Paar, gewinnt derjenige, der unter seinen weiteren drei Karten die Karte mit dem höchsten Wert besitzt. Sind auch die jeweils höchsten Karten der Spieler gleich hoch, bestimmt die zweithöchste vierte Karte, wer gewinnt, usw.

Zwei Paare (Two pair): Zwei Kartenpaare und eine beliebige weitere Karte. Besitzen zwei Spieler jeweils zwei Paare, ist das höchste Paar ausschlaggebend. Zum Beispiel ist Ass – Ass – 6 – 6 höher als Dame – Dame – König – König.

Drilling (Three of a kind): Drei Karten mit dem gleichen Wert, zwei beliebige weitere Karten.

Straße (Straight): Fünf aufeinanderfolgende Karten beliebiger Farben. A – 2 – 3 – 4 – 5 ist die Straße mit dem niedrigsten Wert, wobei das Ass als niedrigste Karte zählt. Straßen dürfen jedoch nicht „um die Ecke" gebildet werden – die Kombination D – K – A – 2 – 3 wäre z. B. ungültig.

Flush: Fünf <u>nicht</u> aufeinanderfolgende Karten einer Farbe. Anders als bei der Straße zählt das Ass beim Flush jedoch als höchste Karte. Sind die höchsten Karten gleich, werden die zweithöchsten Karten verglichen usw. Zwischen den Farben gibt es jedoch keinen Wertunterschied.

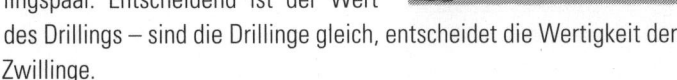

Full House: Ein Drilling und ein Zwillingspaar. Entscheidend ist der Wert des Drillings – sind die Drillinge gleich, entscheidet die Wertigkeit der Zwillinge.

Vierling/Poker (Four of a kind): Vier Karten gleichen Werts und eine beliebige andere Karte.

Straight Flush: Fünf aufeinanderfolgende Karten einer Farbe. Ein Straight Flush kann wie eine Straße nicht „um die Ecke" gebildet werden.

Royal Flush: 10 – B – D – K – A – ganz einfach der beste Straight Flush!

Entsprechen zwei Blätter keiner der aufgelisteten Kombinationen, gewinnt das Blatt mit der höchsten Karte. Sind die höchsten Karten gleichwertig, werden die nächsthöheren Karten verglichen usw.

Grundregeln des Texas hold'em-Pokers

Die bekannteste und beliebteste Pokervariante ist „Texas hold'em". Der Geber, der auch Mitspieler ist, rückt nach jeder Runde im Uhrzeigersinn eine Position nach links (spielt ihr zu zweit, gebt ihr einfach abwechselnd). Vor dem Geben wird der Pot mit ersten Einsätzen („Blindeinsätze" oder „Ante" genannt) gebildet. Der Spieler links vom Geber tätigt den ersten Blindeinsatz, das sogenannte „Small Blind", der zweite Spieler links vom Geber (bei zwei Personen: zugleich wiederum der Geber) tätigt den zweiten, der den ersten übersteigen muss – das sogenannte „Big Blind". Dann werden jedem Spieler verdeckt zwei Karten ausgeteilt, die nur sie selbst aufdecken und anschauen dürfen. Der nächste Spieler in der Runde (spielt ihr zu zweit, nicht der Geber, sondern der andere Spieler) beginnt die erste Einsatzrunde, in der alle mitgehen, erhöhen oder aussteigen können.

Jetzt deckt der Geber drei weitere Karten des Stapels auf und legt sie offen in die Mitte des Tisches – sie werden „Gemeinschaftskarten" genannt, da sie allen Spielern zur Verfügung stehen. Es folgt eine weitere Einsatzrunde („Flop" genannt), die wiederum links vom Geber beginnt. Die vierte Gemeinschaftskarte wird offen in der Mitte des Tisches ausgelegt, es folgt eine weitere Einsatzrunde („Turn"), bei der die Einsätze gegenüber der vorigen Runde verdoppelt werden. Die fünfte und letzte Gemeinschaftskarte wird offen in der Mitte des Tisches ausgelegt. Danach wird ein letztes Mal gesetzt („River"). Nun folgt der „Showdown" – wer in der Zusammenstellung aus Hand- und Gemeinschaftskarten das beste Blatt hat, gewinnt den Pot. Der nächste Spieler gibt nun.

Und warum braucht man dafür ein „Pokerface"? Wenn man cool auftritt und viel setzt, obwohl man schlechte Karten hat, steigt der Gegenspieler hoffentlich aus, und man selbst gewinnt trotz schlechtem Blatt den Pot – setzt man jedoch eine Menge und verliert (z. B. weil man unsicher guckt), hat man „zu hoch gepokert".

Was ihr dazu braucht:

- Kartenspiel (52 Karten)
- Spielchips, Geld, Knöpfe oder sonstige Einsätze

Kickern wie die Großen

  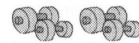

Ihr habt Lust zu kicken, aber draußen regnet es in Strömen? Wie wär`s mit einer Runde Tischfußball? Auch hier kann man ganz schön ins Schwitzen kommen. Und man ist gleich für eine gesamte Mannschaft verantwortlich.

Einen Kickertisch findet ihr an allen möglichen Orten: im Jugendzentrum, beim Nachbarn im Hobbykeller, im Büro oder in der nächsten Eckkneipe. Oder vielleicht habt ihr ja auch schon einen bei euch zu Hause stehen, der viel zu selten benutzt wird. Denn Kickern ist viel mehr, als wildes Drauflosschießen und die Kicker-Figuren mit tausend Umdrehungen über den Platz rotieren lassen. Mit ein paar Kniffen habt ihr den Ball schnell unter Kontrolle und könnt ihn zielsicher am Gegner vorbei ins Tor manövrieren.

So geht's:
Ballkontrolle

Versucht zur Übung den gestoppten Ball mit der Kickerfigur zur Seite zu schieben. So könnt ihr ihn später am Gegner vorbeirollen und dann mit einer anderen Figur schießen oder passen. Fortgeschrittene können die „Tik Tak-Technik" ausprobieren: Hier spielt man den Ball mehrmals in der eigenen Reihe hin und her und schießt dann im richtigen Moment gekonnt zwischen den gegnerischen Männchen hindurch.

Der richtige Schuss

… ist natürlich ganz besonders wichtig, damit ihr möglichst viele Treffer erzielt. Dabei gibt es ganz unterschiedliche Varianten.

o „Pinshot": Der Ball wird zwischen Spielfeld und Fuß der Spielfigur eingeklemmt und aus einer seitlichen Bewegung heraus geschossen.

o „Jetshot": Der Ball wird mit dem Fuß vorne eingeklemmt und aus einer ganzen Umdrehung der Figur geschossen. Hier könnt ihr es so richtig krachen lassen!

o „Pullkick/Pushkick": Der Ball wird von einer Figur schnell auf die benachbarte gespielt und dann mit dieser geschossen.

o „Tip Tap": Zwei benachbarte Spielfiguren tippen den Ball abwechselnd an. Eine von beiden schießt den Ball dann überraschend Richtung Tor.

o „Slingshot": Der Ball wird ganz gewieft gegen die Bande gespielt und, sobald er zurückkommt, geschossen.

o „Helicopter": Die Figur umkreist den Ball (wie ein Hubschrauber einen fliehenden Häftling) und schießt dann urplötzlich mit einem Pinshot.

Warnung: Passt auf, dass ihr euch im Eifer des Gefechts nicht gegenseitig mit den Stangen verletzt, an denen die Spielfiguren befestigt sind. Besonders kleinere Spieler können leicht im Gesicht getroffen werden. Wenn ihr euch einen eigenen Tisch kaufen wollt, solltet ihr euch also besser für Teleskopstangen entscheiden. Oder ihr besorgt euch Schutzrohre, die die herausschnellenden Stangen sichern.

So, jetzt kann losgekickert werden! Übt am besten ein paar Schüsse ohne Gegner. So könnt ihr euch ganz auf eure Technik konzentrieren. Oder ihr spielt einfach drauflos – Übung macht den Kickerprofi!

Was ihr dazu braucht:

○ Kickertisch

Cooler
Technikkram

Snack- und Jukebox in einem

Musik aus dem Handylautsprecher klingt viel zu blechern für ein tolles Picknick zu zweit! Wie wäre es deshalb mit einem kleinen, aber feinen Soundtable? Der bietet tolle Tonqualität und entspanntes Essen in einem.

So geht's:

Zunächst besorgt ihr euch einen ausrangierten, mittelgroßen Reisekoffer. Falls so einer bei euch zu Hause nicht aufzufinden ist, probiert's doch mal auf dem Flohmarkt. Habt ihr einen erstanden, müsst ihr dem Ding erst mal Beine machen: Lackiert vier gleich lange Holzpflöcke mit Sprühlack, am besten im Freien. Als Nächstes schraubt ihr die Scharniere in den vier Ecken im Innern des Koffers fest und befestigt die Beine daran. Dabei müsst ihr darauf achten, sie so anzubringen, dass sie nach innen einklappen und im gepackten, geschlossenen Koffer verschwinden können.

Dann wird es musikalisch: Von euren Lautsprechern müsst ihr die Plastikummantelung entfernen, sodass nur die Elektrik übrig bleibt. Im nächsten Schritt könnt ihr mit einem Marker die Ausschnitte für die Lautsprecher und Regler an der Griffseite des geschlossenen Koffers markieren. Schneidet sie dann mit Bohrer oder Akkuschrauber

 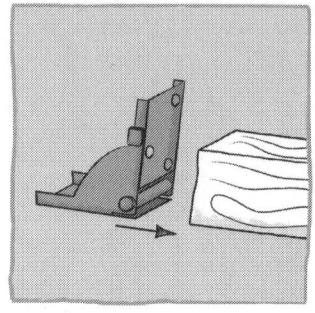

und eventuell einer Fräse aus. Nun könnt ihr die Lautsprecher von innen einsetzen. Wer einen besonders schicken Table haben möchte, entfernt die Lautsprecherabdeckung und setzt diese von außen wieder auf (dann werden auch die Lochkanten verdeckt). Um das Ganze fix zu machen, solltet ihr die Lautsprecherelemente von innen festkleben.

Damit's ein richtiger Picknickkoffer wird, könnt ihr mit dem Tacker oder der Klebepistole Gummibänder an den Innenwänden des Koffers befestigen, die später Geschirr, Besteck und Aufbewahrungsdosen an ihren Plätzen halten. Jetzt brauchen eure Lautsprecher nur noch Strom – und eine Steckdose ist auf einer Picknickwiese kaum zu finden. Eine alternative Stromversorgung bietet eine „USB-Powerstation" (also ein

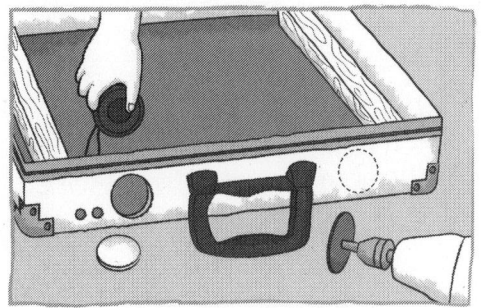

Akku mit USB-Ausgang). Die kann man sich ganz einfach im Internet besorgen.

Nicht vergessen: Bevor's losgeht, solltet ihr je nach Lust und Laune die perfekte Playlist erstellen!

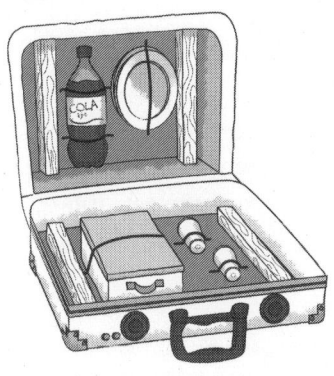

Was ihr dazu braucht:

- Hartschalenkoffer (am besten einen alten, ausrangierten)
- Klappscharniere für die „Tischbeine" (Baumarkt)
- 20 kurze Schrauben
- 4 kurze Holzbeine: z. B. 3×3×12 cm

- Akkuschrauber, ggf. „Dremel"
- USB-betriebene Lautsprecher
- Tacker oder Klebepistole
- USB-Powerstation

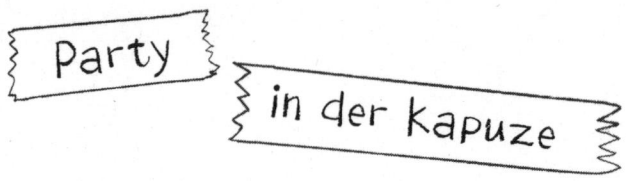

Bastelt euch eine Headphone-Hoodie

Bestimmt habt ihr beide eine Kapuzen-Sweatjacke im Schrank hängen. Die allein ist ja schon cool! Noch cooler wird sie nur noch mit eingebauten Kopfhörern – als richtig lässige Headphone-Hoodie!

So geht's:

Die simple Version:

Schneidet einfach nur fix fünf Löcher in eure Kapuzenjacke. (Keine Angst, wenn ihr euch geschickt anstellt, wird es keiner merken …) Eines davon kommt in eine der Bauchtaschen: Wählt euch die Tasche aus, in die ihr euren MP3-Player verstauen möchtet, und pikt mit einer möglichst spitzen Schere von innen ein kleines Löchlein in die vordere Taschenecke (nah am Zipper). Das Loch muss gerade groß genug sein, dass ihr die beiden Ohrstöpsel einzeln durchgepfriemelt bekommt. Dann knöpft ihr euch die Kapuze vor: Schneidet von innen vier kleine Löcher in die Hood. Achtung, immer nur durch die innere Lage Stoff! Eins rechts und eins links vorne am unteren Ende der Kapuze in die Nähe der Bändel, und zwei weitere rechts und links einige Zentimeter nach innen versetzt (dorthin, wo später eure Ohren in der Kapuze sind). Genug gelöchert! Beim Einfädeln steckt ihr zunächst den Stecker des

Kopfhörerkabels von innen durch das kleine Loch in der Tasche, sodass ihr euren MP3-Player in der Tasche mit dem Stecker verbinden könnt. Führt dann das Kabel über die Innenseite der Jacke hoch bis in die Kapuze, steckt die Kopfhörer je rechts und links in die unteren kleinen Löchlein und fädelt sie aus den beiden oberen wieder heraus. Und schon ist die Headphone-Hoodie einsatzbereit! Das Gute an dieser einfachen Variante: Zum Waschen könnt ihr den Kabelsalat leicht wieder herausnehmen.

Die Version für Tüftler:
Schneidet in der Innenseite einer der Bauchtaschen ein kleines Loch in die obere innere Ecke (nah am Zipper), sodass ihr zwischen die beiden Stofflagen der Hoodie gelangt. Trennt dann ebenfalls auf der Jackeninnenseite ein Stückchen (etwa 5 bis 10 cm) der Naht zur Kapuze auf, damit ihr auch hier zwischen die Lagen kommt. Bohrt nun noch zwei kleine Löcher rechts und links etwas oberhalb eurer Ohren in die innere Stofflage der Kapuze.
Jetzt geht's ans große Pfriemeln: Packt den MP3-Player in die präparierte Bauchtasche und fädelt die Kopfhörer durch das Loch zwischen den inneren und den äußeren Stoff. Dann müsst ihr versuchen, die Stöpsel durch die aufgetrennte Naht zwischen die beiden Stofflagen der Kapuze zu bekommen. In der Kapuze angelangt, pfriemelt ihr je einen Kopfhörer rechts und links durch die Löcher, sodass sie später neben euren Ohren heraushängen. Vernäht dann, wenn nötig, das aufgetrennte Stück Naht der Kapuze mit dem unteren Jackenstoff. Hier reichen meist wenige Stiche.

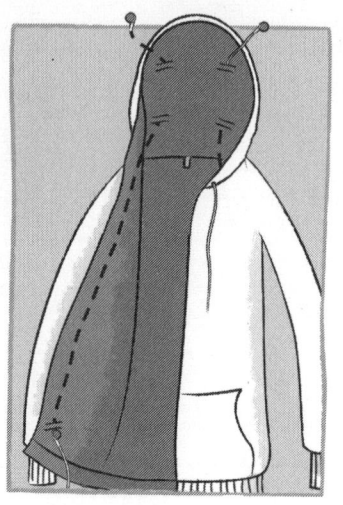

Der große Vorteil des nervigen Fädelns: Das Kabel ist bis auf die kleinen Kopfhörer unsichtbar (und auch die verschwinden in euren Ohren). Ihr könnt also unbemerkt Musik hören. Bestimmt fallen euch auf Anhieb viele Momente ein, in denen das sehr nützlich sein kann. Der Nachteil: Die Stöpsel zum Waschen rauszunehmen und danach wieder neu einzufädeln, ist sehr mühsam – den Aufwand jedoch ganz bestimmt wert!

Was ihr dazu braucht:

- Kapuzenjacke (die Kapuze darf nicht zu groß sein)
- In-Ohr-Kopfhörer
- Schere
- Bei der Tüftlervariante eventuell Nadel und Faden

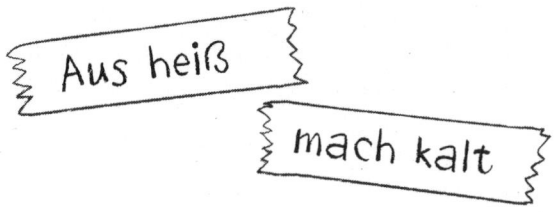

Ein solarbetriebener Mini-Cooler

An einem heißen Sommertag Lust auf 'ne kalte Limo oder Cola? Mit einfachen Mitteln könnt ihr euch einen kleinen solarbetriebenen Kühlschrank bauen, der überall funktioniert – sogar auf einer einsamen Insel.

Im Internet bekommt ihr recht preiswert USB-Getränkekühler, die ihren Strom normalerweise aus dem PC ziehen. Doch mit ein bisschen Bastelarbeit tankt ein solches Gerät auch Solarstrom, betreibt einen kleinen Cooler und funktioniert völlig unabhängig von aller Zivilisation!

Warnung: Für diese Aktion braucht Papa Erfahrung im Umgang mit einem Lötkolben.

So geht's:
Schraubt das Solarpanel aus einer alten Solar-Gartenleuchte (oder z. B. einer Solar-Hausnummer) heraus. Dabei solltet ihr versuchen, das Stromkabel nicht von dem Panel abzutrennen. Umso länger es ist, umso besser. Entfernt von den Kabelenden die Isolierung. (Bild 1)
Nun könnt ihr das Solarpanel in die Sonne legen. Überprüft mit einem Voltmeter die Spannung. Ihr benötigt 5 Volt – falls die Spannung zu

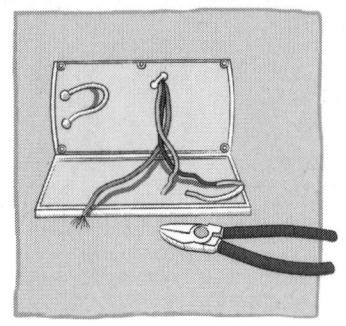

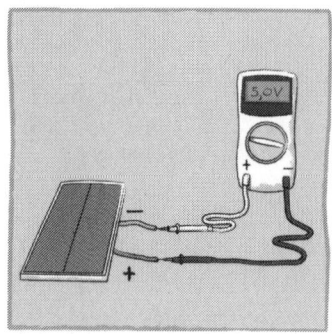

niedrig ist, baut ein zweites Solarpanel aus und lötet das Plus-Kabel des ersten an das Minus-Kabel des zweiten. (Bild 2) Damit kein Strom zurück in das Solarpanel fließt, lötet eine Diode an das Plus-Kabel des Solarpanels (der Streifen der Diode muss vom Panel wegzeigen). (Bild 3)

Kneift den USB-Stecker eures USB-Getränkekühlers ab. Legt mit der Abisolierzange die Enden des roten und des schwarzen Kabels im Inneren frei, alle anderen Kabel könnt ihr links liegen lassen. Lötet das schwarze Kabel an das Minus-Kabel des Solarpanels und das rote Kabel an das Plus-Kabel des Solarpanels. (Bild 4)

Um zu überprüfen, ob der USB-Kühler anspringt, müsst ihr das Solarpanel wieder in die Sonne legen. Falls alles funktio-

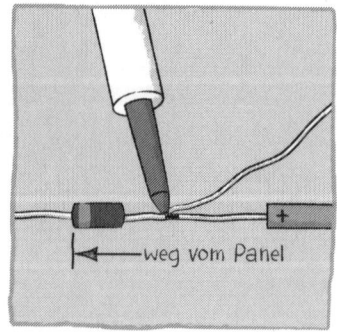

weg vom Panel

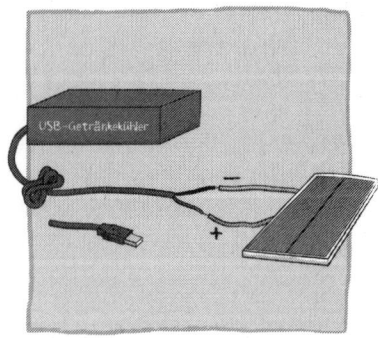

USB-Getränkekühler

niert, könnt ihr das Solarpanel auf die Unterseite des USB-Kühlers kleben. (Bild 5)

Nun legt ihr den USB-Kühler mit dem Solarpanel nach oben und der Kühlung nach unten gerichtet auf den Styropordeckel eures kleinen Styropor-Coolers. Zeichnet dann den Umriss an und schneidet ihn aus. Schiebt schließlich das Getränke-Kühlgerät in den Ausschnitt (mit Solarpanel nach oben) und klebt es ein. (Bild 6)

Bild 5

Bild 6

Zu guter Letzt stellt ihr eure Getränke in den Cooler und den Cooler in die Sonne. Nach nur wenigen Minuten könnt ihr mit gutem Öko-Gewissen ein lecker gekühltes Getränk genießen!

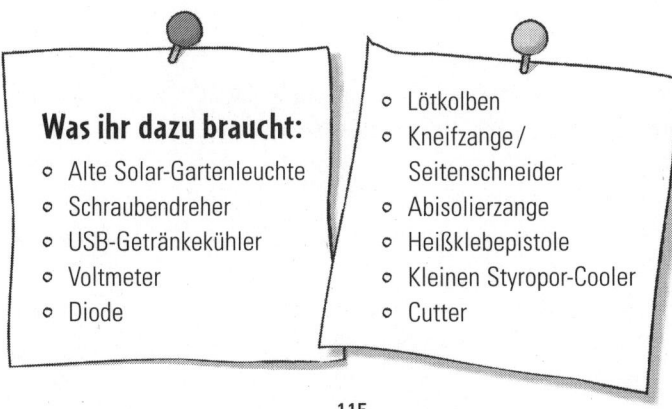

Was ihr dazu braucht:

- Alte Solar-Gartenleuchte
- Schraubendreher
- USB-Getränkekühler
- Voltmeter
- Diode

- Lötkolben
- Kneifzange / Seitenschneider
- Abisolierzange
- Heißklebepistole
- Kleinen Styropor-Cooler
- Cutter

Unsichtbare Botschaften per Tintenstrahldrucker

Kennt ihr die Zitronengeheimschrift? Davon gibt's heute die Tintenstrahldrucker-Hightech-Variante!

Schreibt man eine Botschaft mit Zitronensaft auf ein Blatt Papier, bleibt sie unsichtbar – bis man das Papier entweder erhitzt (z. B. mit dem Bügeleisen) oder mit einer Jodlösung besprüht. Die Hitze verfärbt den Zitronensaft braun, sodass die Nachricht lesbar wird. Beim Jod ist die Wirkung genau andersherum: Das ganze Blatt wird lila, nur die Schrift bleibt weiß. Die Seite färbt sich lila, weil die Stärke im Papier mit dem Jod reagiert. Da die Zitronensäure diese Reaktion verhindert, bleibt allein die Botschaft weiß.

Und wie schreibt man überhaupt mit Zitronensaft? Dafür braucht ihr eine Vogelfeder, einen Pinsel oder einen (sauberen) Füller. Um deutlich zu schreiben, taucht ihr die Spitze eures Schreibgeräts immer wieder in eine aufgeschnittene Zitrone. Das dauert lange und ist ein bisschen mühsam. Ihr könnt auch die Zitrone auspressen und den Saft in einem Schälchen auffangen.

Sehr viel sportlicher funktioniert es aber mit einem Tintenstrahldrucker (egal, ob Farb- oder Schwarz-Weiß-Drucker).

So geht's:

Zuerst müsst ihr die Tintenkartusche öffnen (da die Kartuschen nicht billig sind, solltet ihr eine möglichst leere nehmen und die vollen, neu gekauften verschonen). Klemmt die Kartusche mit einer Schraubzwinge auf die Werkbank und sägt sie direkt unterhalb des Deckels auf. Wenn ihr die eine Seite aufgesägt habt, könnt ihr versuchen, den Deckel vorsichtig mit einem Schlitzschraubendreher abzuhebeln. Nun müsst ihr Einmalhandschuhe anziehen und eure Arbeitsfläche sicherheitshalber mit Folie abdecken. Bei mehrfarbigen Tintenpatronen nehmt ihr das Schwämmchen für „Gelb" (das Schwämmchen mit der hellsten Farbe ist am einfachsten sauber zu bekommen) heraus. Bei einer einfarbigen Patrone entnehmt ihr einfach das einzig enthaltene Schwämmchen. Besonders gut geht das mithilfe eines Schraubendrehers oder Cuttermessers. Jetzt den Schwamm unter fließendem Wasser gründlich auswaschen und trocknen lassen. Danach mit einem Wattestäbchen die Innenseiten der Tintenpatrone reinigen.

Im nächsten Schritt mischt ihr in einem kleinen Glas 15 g Zitronensäurepulver mit 10 bis 15 ml Wasser. (Natürlicher Zitronensaft ist nicht konzentriert genug für diesen Trick.) Lasst das Tintenschwämmchen circa 10 Minuten in der Zitronen-Wasser-Mischung einweichen, dann könnt ihr es vorsichtig wieder in die Tintenpatrone einsetzen – dabei solltet ihr so wenig drücken wie nur möglich, sonst presst ihr die Geheimtinte ja wieder aus dem Schwamm heraus. Nun nur noch den Deckel aufsetzen, mit Klebeband befestigen und die Tintenpatrone wieder in den Drucker einsetzen.

Bevor ihr geheime Nachrichten drucken könnt, müsst ihr die präparierte Patrone komplett entleeren. Das funktioniert am schnellsten, wenn ihr mithilfe eines beliebigen Grafikprogramms flächig gelbe Seiten ausdruckt, bis das in der Patrone verbliebene Gelb leer ist (bei Schwarz-Weiß-Druckern eben schwarz drucken).

Jetzt kann die Geheimniskrämerei beginnen! Schreibt in einem Grafik- oder Textverarbeitungsprogramm eine Botschaft in gelber Farbe (bzw.

schwarz) und druckt sie unsichtbar aus. Wählt dafür mindestens „30 pt." als Schriftgröße, damit die Nachricht später auch wirklich gut lesbar ist.

Nun geht's ans Bügeln. Hier muss Papa ans Werk, oder ihr probiert es gemeinsam. (Mama hat heute bügelfrei!) Für die Jodlösung mischt ihr 5 Tropfen Jod in 100 ml Wasser. Füllt die Mischung in eine kleine Sprühflasche und besprüht eure unsichtbare Geheimnachricht damit. (Vorsicht: Auch verdünntes Jod kann unschöne Flecke hinterlassen – also besser eine alte Zeitung o. Ä. unterlegen.)

Ganz besonders spannend ist es, wenn ihr euch getrennt voneinander geheime Botschaften schreibt und sie im Alleingang entziffert!

Falls ihr die Geheimtinte zwischendurch nicht benutzt, verstaut die Tintenpatrone am besten in einem wiederverschließbaren Plastikbeutel – sonst trocknet das Schwämmchen aus. Natürlich könnt ihr problemlos zwischen unsichtbarer und normaler Tinte hin- und herwechseln, indem ihr einfach die Patrone austauscht. Allerdings müsst ihr jedes Mal mit ein paar Testseiten den Druckkopf von Resten der sichtbaren bzw. unsichtbaren Tinte reinigen.

Ein Bonustrick (funktioniert aber nur mit Farbdruckern): Schreibt einen gewöhnlichen, nichtssagenden Brief in Schwarz, lasst dabei aber jede zweite Zeile leer. Schreibt dann einen Geheimbrief in Gelb (in derselben Datei) in die freien Zeilen. Druckt das Dokument aus, und ihr habt ein völlig unverdächtiges Schreiben, mit dessen Hilfe ihr auch längere Botschaften gefahrlos übermitteln könnt!

Was ihr dazu braucht:

- Tintenstrahldrucker
- Einmalhandschuhe, Abdeckfolie
- Schlitzschraubendreher
- Cuttermesser
- Zitronensäurepulver
  (Drogerie oder Apotheke)
- Jod
- Bügeleisen
- Wiederverschließbaren Plastikbeutel

Benutzt eure Smartphones als Funkgeräte

Habt ihr zwei Smartphones oder könnt euch welche borgen? Dann haltet ihr zugleich zwei kostenlose Hightech-Funkgeräte in Händen! Damit kann man wunderbar Detektiv spielen oder einfach nur durch die Gegend streifen und sich gegenseitig auf dem Laufenden halten.

Mithilfe der kostenlosen App „HeyTell" könnt ihr Android-Smartphones oder iPhones ganz einfach als Walkie-Talkies umfunktionieren: Anmelden, Knopf drücken, reden! Eure Botschaften werden als Audiosignale über das mobile Internet verschickt. (Vorsicht also, wenn ihr keine Datenflatrates habt!) Die Komprimierung ist super, ihr könnt euch also sehr gut verstehen. Gegen Aufpreis gibt's sogar noch einen eingebauten elektronischen Stimmverzerrer.

In einem kleinen, aber nicht zu vernachlässigenden Punkt unterscheidet sich die moderne Technik allerdings von klassischen Funkgeräten – eine Netzverbindung ist Voraussetzung für den Spaß. Im tiefsten Wald ist daher möglicherweise Funkstille, oder besser: Netzstille!

Haben eure Smartphones aber guten Empfang, ist es im Gegensatz zu herkömmlichen Funkgeräten sogar egal, wie weit ihr voneinander entfernt seid. Theoretisch könnt ihr auf diese Weise also auch mit Freunden aus China, Australien oder der Antarktis Räuber und Gendarm spielen.

Was ihr dazu braucht:

o 2 Android-Smartphones oder iPhones

Experimente
und
Erfindungen

Alles safe?!

Geheime Dietrich-Bauanleitung

Wusstet ihr, dass man sich mit ganz einfachen Werkzeugen superfix einen Dietrich basteln kann? Die dicksten Schlösser sind vor euch dann nicht mehr sicher ...

Warnung: Diese Bauanleitung soll euch nicht dazu animieren, eine Karriere als Einbrecher oder Autoknacker zu starten. (Zumal sich die Scheibenwischer-Dietriche für Haustür- und Autoschlösser sowieso nicht eignen.) In Notfällen kann ein selbst gemachter Dietrich aber sehr nützlich sein, beispielsweise, wenn ihr den Schlüssel für euer Gartenhäuschen verloren habt. Zudem lernt ihr, wie Schlösser funktionieren und euch und euren Kram sichern — oder eben nicht.

Ein handelsübliches Haustürschloss funktioniert nach demselben Prinzip wie ein Zahlenschloss fürs Fahrrad. Um das Schloss zu öffnen, müssen die kleinen Stifte im Inneren verschieden tief heruntergedrückt werden. Die unterschiedlichen Positionen entsprechen dabei den einzelnen Zahlen beim Kombinationsschloss. Ein Schlüssel ist sozusagen ein Zugangscode aus Metall. Und damit ein Dietrich funktioniert, muss er alle Stifte im Schloss genauso tief herunterdrücken wie der Originalschlüssel. Jedoch gibt schon ein „Teilcode" (also ein einzelner heruntergedrückter Stift) Feedback darüber, ob ein Dietrich passend sitzt oder nicht, sodass man nicht wie beim Zahlenschloss alle möglichen Kombinationen durchprobieren muss. Vielmehr kann man sich Stück für Stück, Stift für Stift herantasten.

So geht's:

Zwei Dinge sind beim Schlösserknacken unverzichtbar: ein „Pick", mit dessen Hilfe die Stifte in Position gebracht werden, und ein „Spanner", mit dem schließlich der Kern des Schließzylinders gedreht und der Schließriegel bewegt wird.

Ihr startet mit dem Pick: Den könnt ihr euch aus dem Metallstreifen eines alten Autoscheibenwischers feilen (dabei bitte Schutzbrille und Schutzhandschuhe tragen). Kürzt ihn auf eine Länge, die gut in der Hand liegt. Der einfachste Pick ist ein langer, dünner Streifen, dessen Spitze sich vorn nach unten neigt. Die Spitze wird auch „Hook" genannt. Mit ihr werden die Stifte im Schloss einer nach dem anderen heruntergedrückt. Der vordere, dünne Teil muss also etwas länger als ein handelsüblicher Schlüssel sein, um auch die hinteren Stifte erreichen zu können. Der Griff kann unbearbeitet bleiben, nur am vorderen Ende müsst ihr das meiste Metall auf der Unterseite wegschleifen, ganz an der Spitze aber einen nach unten zeigenden „Zahn" stehen

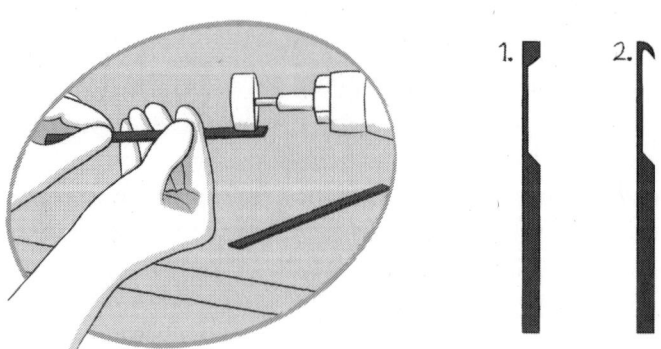

lassen. Beim Feilen und Schleifen solltet ihr das Metall immer wieder in ein Glas kaltes Wasser tauchen, sonst ist die Gefahr groß, dass es bricht. Zum Abschluss den gesamten gefeilten Bereich von vorne bis zum Griff einmal mit der Flammenspitze der Lötpistole oder des Bunsenbrenners erwärmen, beiseitelegen und auskühlen lassen (dieses Mal nicht ins Wasser tauchen). Das erhöht die Bruchfestigkeit des Metalls.

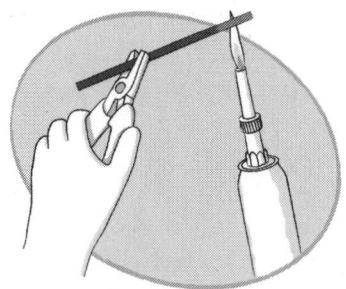 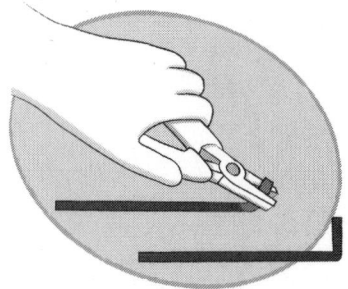

Aus dem verbliebenen Metallstreifen bastelt ihr dann den Spanner: Dafür das Metall etwa 3 cm vor der Spitze erhitzen, bis es rot glüht. Dann könnt ihr es mit einer Zange im Winkel von 90 Grad biegen (nicht knicken, sonst bricht es) und zum Abkühlen wieder ins Wasser tauchen. Wer mag, kann das längere Ende (den Handgriff) kurz vor dem Winkel erneut erhitzen und einmal 180 Grad um die eigene Achse drehen – das erleichtert später das Halten, ist aber nicht zwingend nötig.

Bis ihr ein Schloss fix öffnen könnt, braucht ihr viel Übung. Statt also ewig vor dem Gartenhäuschen- oder Kellertürschloss zu knien, lohnt es sich, mit einem alten, losen Schließzylinder anzufangen. Geknackt wird das Schloss dann so: Zuerst den Spanner einsetzen und den Zylinder ganz leicht andrehen, um Spannung zu erzeugen. Jetzt mit dem Pick von vorn nach hinten einen Stift nach dem anderen herunterdrücken, bis sie ganz leicht einrasten. Im Idealfall ist beim Einrasten ein kleiner Ruck des Zylinders in Schließrichtung zu spüren. Den Stift nun in dieser Position lassen, den Hook weiter nach innen schieben und den nächsten Stift bearbeiten.

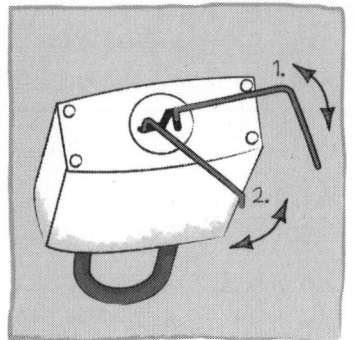

Sind alle Stifte in der richtigen Position, lässt sich der Zylinder einmal drehen – danach springen die Stifte zurück, und man muss das Schloss eventuell ein zweites Mal knacken (deswegen ist es immer sicherer, zwei Mal abzuschließen, als nur ein Mal!). Jetzt nur nicht ungeduldig werden – die Wiederholung macht euch zu richtigen Profiknackern!

Was ihr dazu braucht:

- Bunsenbrenner (vielleicht könnt ihr euch einen ausleihen, z. B. beim Chemielehrer)
- Metallbügel (z. B. aus einem alten Autoscheibenwischer)
- Schleifwerkzeug (auch „Dremel" genannt) oder Feilen
- Sandpapier (in Körnungen 200, 400 und 600)
- Propan-Lötpistole oder Gasbrenner
- Zange
- Glas Wasser
- Schutzbrille und -handschuhe

Backpulverexplosion!

Lasst eure eigene Rakete starten

Nur zu Silvester? Nein, wann immer ihr Lust zum Böllern habt!
Diese beiden Raketen kann man das ganze Jahr über in die Luft
gehen lassen.

So geht's:

Ariane 1

Rakete Nr. 1 ist rein dekorativ: Dafür müsst ihr zunächst drei Stützfin-
nen aus fester Pappe schneiden. Danach macht ihr drei Einschnitte in
das Ende einer Versandrolle (oder länglichen Papprolle, wie beispielsweise einer leeren Rolle Küchenpapier) – die Einschnitte sollten so
lang sein, wie die Stützen breit sind. Klebt nun die Stützen in die
Schlitze. Dies ist das untere / hintere Ende eurer Rakete. Für die Rake-
tenspitze schneidet ihr einen Halbkreis aus Pappe, rollt ihn zu einem
Kegel auf, klebt die Kanten zusammen und die fertige Spitze dann auf
das vordere Ende der Rakete. Zum Schluss könnt ihr sie bunt bemalen
und verzieren, in eurem Zimmer aufstellen oder unter die Decke hängen.

Ariane 2

Rakete Nr. 2 kann sogar fliegen, auch wenn sie sehr klein ist: Besorgt
euch in einem Fotofachgeschäft eine leere Filmdose. (Vielleicht habt

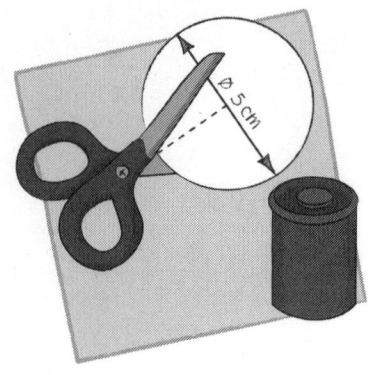

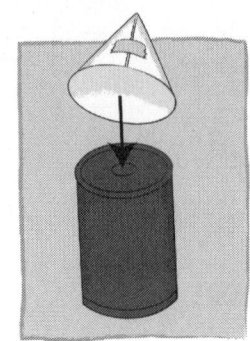

ihr ja auch noch eine zu Hause rumliegen, aus den guten alten Zeiten, als Papa noch mit der Analogkamera geblitzt hat.) Schneidet dann aus farbigem Papier einen Kreis mit 5 cm Durchmesser aus, etwas größer als der Deckel der Filmdose. Nun müsst ihr einen kleinen Schlitz in

den Papierkreis schneiden, vom Rand bis zur Mitte, sodass ihr den Kreis zu einem kleinen Hütchen zusammendrehen könnt. Das wird die Spitze eurer Rakete. Mit einem Stückchen Klebeband könnt ihr das Hütchen zusammenkleben, damit es nicht wieder auseinanderrollt. Danach klebt ihr es an den Boden der Filmdose.

Für die nächsten Schritte geht ihr am besten raus, denn eventuell fliegt eure Rakete mehrere Meter hoch. Und ihr beide solltet einige Meter zur Seite sprinten können, denn beim Start kann es ganz schön spritzen. Füllt die Filmdose nun zu etwa einem Viertel mit Backpulver und gießt dann maximal die gleiche Menge Essig dazu. Das Ganze beginnt sofort zu schäumen, die Dose also schnell verschließen, gut

durchschütteln, mit dem Deckel nach unten auf
den Boden stellen und ein paar Meter beiseite-
gehen. Es kann ein, zwei Minuten dauern,
bis eure Rakete abhebt – aber auf keinen
Fall ungeduldig werden und nachschauen,
sonst schießt sie euch noch ins Auge.
Irgendwann, zisch!, hebt sie ab! Das
kommt davon, weil im Backpulver
Natriumhydrogencarbonat enthalten
ist (auch Natron genannt). Essig
und Natron reagieren chemisch

miteinander, sodass Kohlenstoffdioxid (CO_2) entsteht. Das Gas nimmt
viel mehr Raum ein als das Pulver und der Essig – so entsteht Druck in
der Dose, der Deckel springt ab, und die Rakete schießt in die Luft!

Tipp: Vor einem Neustart solltet ihr die Filmdose gründlich auswaschen!

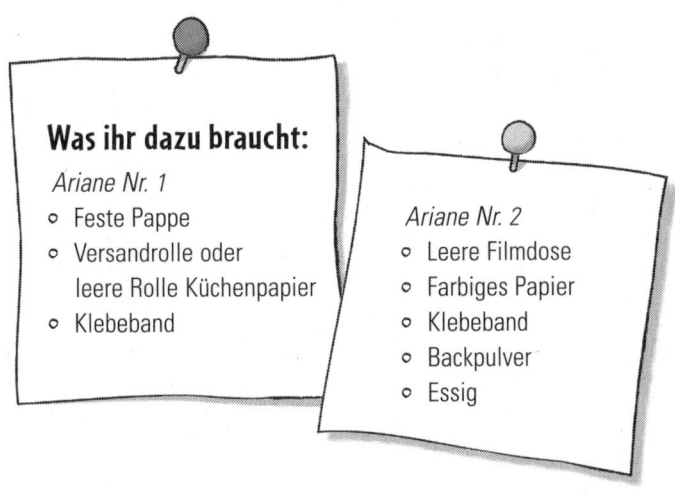

Was ihr dazu braucht:

Ariane Nr. 1
- Feste Pappe
- Versandrolle oder
  leere Rolle Küchenpapier
- Klebeband

Ariane Nr. 2
- Leere Filmdose
- Farbiges Papier
- Klebeband
- Backpulver
- Essig

Holzkohle selbst brennen

  (plus Wartezeit)

Feuer machen macht Spaß, hält warm, und man kann jede Menge leckere Sachen darauf grillen. Um ein Feuer zu entzünden, braucht man Holz oder Kohle – so weit nicht weiter schwer. Doch woraus besteht Kohle eigentlich? Stellt sie doch einfach mal selber her. Das ist viel spannender, als einen Sack Kohle aus dem Baumarkt aufzureißen. Plus: Die Bratwürste schmecken um einiges besser!

Am besten funktioniert das Holzkohlebrennen mit einer Mülltonne aus Metall. Genauso eine wie die, in der „Oskar aus der Mülltonne" in der Sesamstraße wohnt. Die gewöhnlichen Plastikmülltonnen sind leider völlig ungeeignet. Bevor es losgehen kann, müsst ihr also einen passenden Behälter finden, kaufen oder auf dem Recyclinghof erbetteln. Groß, hitzebeständig und möglichst luftdicht verschließbar sollte er sein. Außerdem benötigt ihr Hartholz, z. B. von einem gefällten Obstbaum. Das bekommt ihr am ehesten bei Gärtnereien oder ebenfalls auf dem Recyclinghof.

Tipp: Ihr solltet kein Koniferenholz (Tannenholz) nehmen, das ist zu weich und zu harzig. Besonders aromatisch sind Ahorn, Apfel, Birke,

Birne, Eiche, Kirsche, Walnuss oder Weinreben – der feine Duft des Holzes geht später auf das Grillgut über.

So geht's:

Legt zerknülltes Zeitungspapier in die Tonne, darauf etwas „Anzünde-holz" (kleinere Stücke) und schichtet schließlich die großen Holzschei-te auf. Nun müsst ihr das Holz anzünden und einige Minuten warten, bis es richtig brennt. Wenn es knistert und prasselt, setzt ihr mithilfe einer Grillzange den Deckel auf. Er sollte so gut wie möglich luftdicht schließen (notfalls könnt ihr den Deckel auch mit nicht brennbarem Material wie z. B. Knete abdichten). Je weniger Luft eindringt, desto eher wird das Holz zu Holzkohle, statt direkt zu Asche zu verbren-nen. Jetzt heißt es abwarten, bis der Behälter völlig ausgekühlt ist (je nach Holzmenge mehrere Stunden bis zu einem Tag) – lässt man zu früh Sauerstoff eindringen, flammt das Feuer wieder auf, und die Koh-le verbrennt. Schließlich könnt ihr die Holzkohle zur späteren Verwen-dung herausnehmen oder direkt ein großes Grillfest starten. Bleibt noch unverbranntes Holz über, legt ihr es am besten für den nächsten freien Tag beiseite.

Was ihr dazu braucht:

- Metalltonne oder sonstigen hitzebeständigen Behälter mit Deckel
- Grillzange
- Hartholz
- altes Zeitungspapier

Der Sonne entgegen

Verschickt eine fliegende Flaschenpost

Aus einfachen Müllsäcken könnt ihr ganz fix einen solarbetriebenen Heißluftballon bauen und geheime Nachrichten per Luftpost versenden!

Wer hat nicht schon mal davon geträumt, eine Flaschenpost zu finden oder – fast genauso gut – eine Antwort auf eine selbst verschickte zu erhalten? Bei dieser fliegenden „Flaschenpost" sind die Antwortchancen sehr viel höher, denn statt quer über den Ozean reist sie über Land.

So geht's:

Wartet auf einen warmen, sonnigen Tag. Schreibt dann zuallererst die Nachricht, die ihr gerne verschicken möchtet, auf einen kleinen Zettel: Das kann ein netter Gruß sein, gute Wünsche für den Finder oder die Bitte, euch per E-Mail Bescheid zu geben, wo der selbst gemachte Heißluftballon gelandet ist. Vielleicht fällt euch ja auch etwas ganz anderes, noch viel Spannenderes ein!

Den Ballon bastelt ihr aus simplen Mülltüten, am besten geeignet sind dünne (also leichte) und dunkle Plastiksäcke (0,6 mm dicke, schwarze Mülltüten sind ideal). Schneidet vier Tüten jeweils unten und an einer

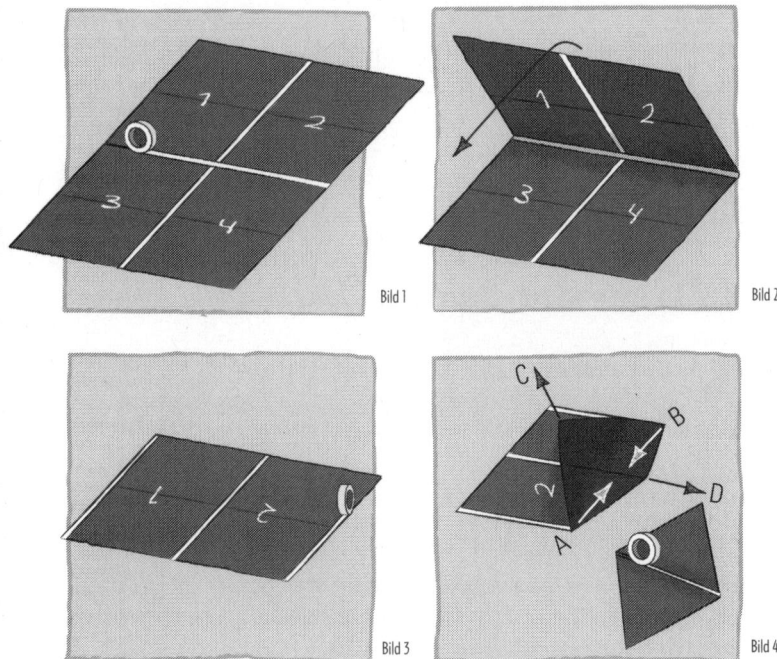

Bild 1

Bild 2

Bild 3

Bild 4

Seite auf und faltet sie auseinander. Legt die Plastiktüten zu einem riesigen Rechteck aus und klebt sie mit möglichst leichtem Klebeband (Tesafilm, kein Packband) zusammen. Nun könnt ihr die Konstruktion in der Mitte quer falten und an den beiden kurzen Seiten zukleben. (Bilder 1, 2 und 3)

Die oben liegende Seite in der Mitte der (noch offenen) Unterseite müsst ihr nun hochziehen, bis die Seitennähte aufeinanderliegen: Die Punkte A und B treffen mittig zusammen, C und D bilden die äußeren Ecken. Wenn ihr alles richtig gemacht habt, liegt dann ein eieriger Halbkreis vor euch, dessen lange Unterseite ihr ebenfalls zukleben könnt – und fertig ist ein toller 3-D-Ballon, der sich schnell und einfach aufblasen lässt! (Bild 4)

Nun könnt ihr eure Botschaft zusammenrollen und mit einem Stückchen Klebeband an den Heißluftballon kleben. Um den Ballon flugfertig zu machen, schneidet ihr eine Ecke auf und blast mit dem Föhn heiße Luft hinein. (Bild 5)

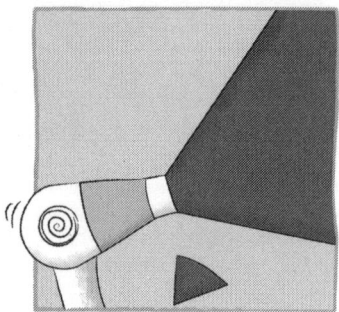

Bild 5

Knotet den Ballon dann zu und bringt ihn raus in die Sonne. Das Sonnenlicht wird von der schwarzen Folie absorbiert und erhitzt die bereits warme Luft im Balloninneren. Da warme Luft nach oben steigt, hebt der Ballon langsam ab und fliegt. Am besten lasst ihr ihn auf einer großen Wiese starten, sonst verheddert er sich leicht in den Bäumen. (Und bitte meidet die Nähe von Flughäfen. Euer unbekanntes Flugobjekt kann schnell für Chaos sorgen.)

Einziger Nachteil: Sinkt der Ballon zur Erde, landen die Plastikmülltüten irgendwo in der Natur. Benutzt daher am besten Öko-Mülltüten, die sich schneller zersetzen als die gewöhnlichen.

Natürlich könnt ihr eure Flaschenpost auch ganz klassisch verschicken: Fahrt zum nächsten Fluss, einem großen See oder (noch besser) ans Meer! Nehmt eine Flasche von zu Hause mit, steckt die Botschaft hinein, korkt die Flasche zu und lasst sie schwimmen. Mal sehen, wo sie strandet. Vielleicht habt ihr ja sogar das Glück, eine bereits gelandete Flaschenbotschaft zu finden!

Was ihr dazu braucht:

- Dünne Mülltüten
  in dunkler Farbe
- Dünnes Klebeband
- Föhn
- Schere
- Kleinen Zettel + Stift

Updaten per Dosentelefon

Mit einem Handy telefonieren kann jeder. Aber wer von euch hat schon mal ein Dosentelefon benutzt? Probiert es aus und haltet euch auf dem Laufenden – ganz ohne Telefongebühren! Und aus dem Doseninhalt wird das schärfste Chili aller Zeiten.

So geht's:
Entfernt von zwei Dosen Kidneybohnen den Deckel, leert den Inhalt in eine Schüssel, zieht die Etiketten ab und wascht die Dosen gründlich aus. (Ihr könnt natürlich auch andere Dosen nehmen, z. B. die von Tomaten.)

Achtung: Manche Dosenöffner schneiden den Deckel „seitlich" ab (statt von oben), dann ist der Rand sehr scharf, und ihr könnt die Dosen schlecht verwenden. Aber auch Dosen, bei denen die Deckel von oben herausgeschnitten wurden, solltet ihr unbedingt mit Vorsicht behandeln!

Dreht die Dosen nun um und schlagt mit Hammer und Nagel jeweils ein Loch in die Mitte der Böden. Danach fädelt ihr je ein Ende der

Schnur oder Kordel von außen durch die Löcher und macht im Inneren der Dosen einen Knoten, sodass die Schnur nicht wieder rausrutschen kann. Jetzt entfernt ihr euch voneinander, bis die Schnur straff gespannt ist (sonst funktioniert das Dosentelefon nicht). Immer abwechselnd spricht einer von euch in die Dose hinein, der andere hält seine Büchse ans Ohr. So könnt ihr spannende Nachrichten austauschen: von der einen in die andere Gartenhälfte, von Stockwerk zu Stockwerk oder Fenster zu Fenster!

Aber wie funktioniert das denn bitte schön? Ganz einfach: Töne (also auch Wörter) bestehen aus Schallwellen. Sie bewegen sich normalerweise direkt vom Mund zum Ohr, wo sie das Trommelfell in Schwingungen versetzen. Sprichst du nun in die Dose hinein, beginnt der Dosenboden zu schwingen. Der Boden versetzt die Schnur in Schwingung, worauf diese wiederum den Boden der zweiten Dose schwingen lässt. So landen die Schallwellen direkt in euren Ohren!

Und was macht ihr, wenn alle Neuigkeiten ausgetauscht wurden? Ihr kocht ein superscharfes **Chili con Carne** aus dem Doseninhalt!

So geht's:

Halbiert und entkernt 2 oder mehr Chilischoten (vorsichtshalber Gummihandschuhe tragen, sonst kann der nächste Hand-Augen-Kontakt wortwörtlich ins Auge gehen!). Die Schoten zusammen mit 2 Knoblauchzehen und 2 Gemüsezwiebeln fein würfeln und in Öl glasig dünsten. 250 g Rinderhack hinzugeben und krümelig anbraten (Vegetarier nehmen stattdessen einfach Tofu). Tomaten aus 1 großen Dose (825 g) grob zerschneiden und mitsamt der Flüssigkeit in die Pfanne geben. Mit Salz, Pfeffer, Zucker und Kreuzkümmel würzen, die Brühe hinzugießen und 20 Minuten offen bei mittlerer Hitze köcheln lassen. 1 rote

und 1 grüne Paprika vierteln, entkernen, in Streifen schneiden und nach 10 Minuten hinzugeben. Die Kidneybohnen in einem Sieb kurz abbrausen und mit dem Mais zum Chili geben. Eventuell könnt ihr den heißen Schmaus noch nachwürzen und mit frischen Korianderblättern bestreuen. Besonders lecker schmeckt das Chili serviert mit Joghurt und Tortillachips. Guten Appetit!

Was ihr dazu braucht:

Dosentelefon
- 2 Dosen Kidneybohnen
- Nagel
- 5 – 15 m Schnur
- Hammer

Zutaten Chili con Carne (4 Personen):
- 1 Dose Kidneybohnen
- 2 – 3 Chilischoten
- 2 Knoblauchzehen
- 2 Gemüsezwiebeln

- 250 g Rinderhack (alternativ: 250 g Tofu)
- 1 große Dose ganze Tomaten
- 1 rote und 1 grüne Paprika
- 1 Dose Mais
- 150 ml Brühe
- 2 EL Öl
- 2 TL Zucker
- 2 TL Kreuzkümmel
- Ein paar Blätter frischen Koriander
- Salz, Pfeffer
- Joghurt
- Tortillachips

Ein Feuer aus Kartoffelchips

Heute macht ihr genau das, was sonst strengstens verboten ist: mit Essen spielen und obendrein noch zündeln! Dabei ist das Ganze sogar äußerst vorbildlich – ihr verbratet fettige Snacks, um euch auf einem selbst entfachten Feuer eine leckere Mahlzeit zuzubereiten!

So geht's:

Ein traditionelles Lagerfeuer macht ihr folgendermaßen: Sucht euch eine sandige oder erdige Stelle von mindestens einem Meter Durchmesser (möglichst trockener Boden, kein Pflanzenbewuchs). Baut nun aus faustgroßen Steinen einen Kreis von etwa 50 bis 75 cm Durchmesser. Legt ein Fundament aus 5 bis 10 „grünen" (also frischen) Zweigen. Schichtet Reisig (trockene Ästchen), Papier, trockenes Laub oder Rinde als Zündmaterial darauf und baut eine kleine Pyramide aus dünnen Ästen darüber. Jetzt kann losgezündelt werden! Dazu steckt ihr einen kleinen Ast an und legt ihn in die Mitte der Pyramide. Vergesst nicht, weiteres Feuerholz zu suchen, um rechtzeitig nachlegen zu können.

Knisternder ist aber die fettige Variante mit feurigen Chips: Verzichtet auf einen Teil eures Proviants und gebt zwei Hände voll Kartoffelchips zu dem sonstigen Zündmaterial. Wenn ihr mögt, könnt ihr auch kom-

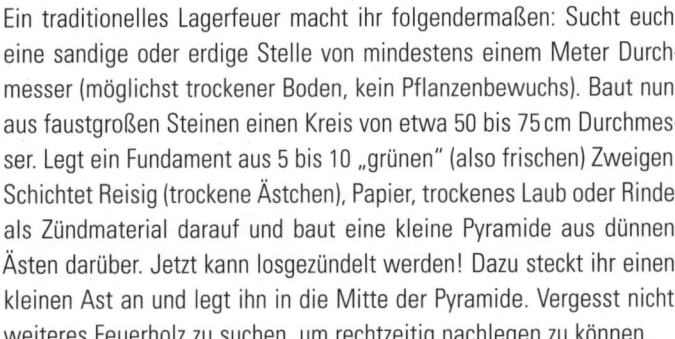

plett auf den „kartoffeligen Zündstoff" umsteigen. Chips bestehen fast vollständig aus Kohlenwasserstoff (sehr gut brennbar!) und Fett (genauso gut brennbar!).

Tipp: Die günstigen, aus Kartoffelmehl gepressten Chips funktionieren noch besser als die aus geschnittenen Kartoffeln.

Und was, wenn ihr kein Feuerzeug dabeihabt? Dann müsst ihr auf steinzeitliche Methoden zurückgreifen: Schlagt einen Feuerstein über besonders trockenem Laub, Reisig oder Kartoffelchips gegen Metall, bis ein Funke in das Zündmaterial fällt. Das ist leider gar nicht so einfach. Außerdem ist Vorsicht angesagt: Die Feuersteine könnten splittern, weshalb ihr eine Schutzbrille tragen solltet.

Als Alternative könnt ihr auch ein Brett aus Weichholz auf den Boden legen, das Zündmaterial daraufhäufen, einen Stock aus Hartholz durch Chips, Reisig und Co. auf das Brett setzen und drehen oder bohren, bis das Weichholz warm wird, zu rauchen anfängt und der Zunder schließlich Feuer fängt. Auch für diese Version braucht ihr jedoch jede Menge Geduld und Können!

Wenn ihr euer Feuer bereits tagsüber machen wollt, könnt ihr es auch mithilfe einer Lupe (oder Papas Lesebrille) in Brand stecken: Haltet die Lupe hierfür als Brennglas etwa 20 cm über ein Blatt Papier oder etwas trockenes Laub, sodass die Sonnenstrahlen gebündelt in einem möglichst kleinen, hellen Punkt auf eine einzige Stelle fallen. (Genau, wie wenn ihr im Sommer eure Klassenkameraden mit einer Armbanduhr blendet.) Ihr müsst nur geduldig warten und die Hand mit der Lupe ganz ruhig halten – ihr werdet sehen, irgendwann beginnt das Blatt zu rauchen, ein erstes Glimmen entsteht, und wenn ihr nun ganz vorsichtig in die Glut pustet, fängt es schon bald an zu knistern!

(Und falls das Feuer einfach nicht gelingen will, packt euch doch ein paar Streichhölzer oder ein Feuerzeug in die Tasche. Dann kann so leicht nichts mehr danebengehen!)

Das Feuer brennt lichterloh, und nun?

Entweder sucht ihr euch zwei große Steine oder Aststücke, macht es euch darauf gemütlich und schaut verträumt in die Flammen. Oder ihr grillt euch etwas Leckeres zu essen! Ganz simpel ist es, Kartoffeln in Alufolie zu wickeln und in die Glut zu legen.  Nach etwa 20 Minuten müsst ihr sie einmal wenden, und nach ca. 40 Minuten sind sie fertig. Auf dieselbe Weise könnt ihr auch Maiskolben garen – superlecker! Oder ihr nehmt ein Grillrost mit und brutzelt euch zwei krosse Würstchen. Dieses Mahl bleibt unvergesslich!

Warnung: Asche bleibt länger warm, als man denkt, und verursacht daher leicht Waldbrände. Darum: Vorsicht beim Umgang mit Feuer und hinterher die Feuerstelle mit Sand oder Erde abdecken, um die glühende Asche gründlich zu ersticken!

Was ihr dazu braucht:

- Streichhölzer
  oder Feuerzeug
- Chips
- In Alufolie gewickelte
  Kartoffeln, Maiskolben
  oder Würschen

Ein stromloser Kühlschrank

Wusstet ihr, dass ihr eure Cola auch ganz ohne Strom kühlen könnt? Nein, ihr müsst sie dafür auch nicht einbuddeln oder in einen kühlen See baumeln lassen. Hier geht's um eine viel spannendere und trotzdem superumweltfreundliche Kühlmethode, die bereits vor Hunderten von Jahren eingesetzt wurde …

So geht's:

Besorgt euch zwei unterschiedlich große Blumentöpfe und verstopft die Ablauflöcher im Boden. Damit sie gut dicht halten, klebt ihr am besten beide Topfseiten von innen und außen mit Paketband zu. Den größeren Topf könnt ihr mit 3–4 cm Sand füllen. Dann stellt ihr den kleineren Topf hinein und befüllt den Spalt zwischen den Töpfen gleichmäßig mit Sand. Nun müsst ihr Wasser auf den Sand zwischen den Töpfen gießen – je nach Topfgröße benötigt ihr ca. 1 Liter. Passt dabei auf, dass der Sand nicht zu schlammig wird, er sollte lediglich feucht sein. Zum Schluss müsst ihr nur noch ein passend großes Handtuch in Wasser tauchen, leicht auswringen und über die Blumentöpfe legen – fertig!

Fertig? Das soll ein Kühlschrank sein? Ja, im Ernst! Dank der Verdunstung ist er fast so effektiv wie der elektrische in eurer Küche. Probiert es aus, legt ein Thermometer hinein und messt selbst. (Ein ganz ge-

wöhnlicher Kühlschrank ist übrigens schon mit sieben Grad ausreichend kalt. Falls euer strombetriebener also stark darunterliegt, könnt ihr ihn getrost ein paar Grad wärmer drehen.)

In eurem Kühltopf könnt ihr im Hochsommer im Garten mit gutem Gewissen Limo, Obst oder Schokolade kühlen. Wenn es euch dann nach einer Erfrischung gelüstet, müsst ihr nur noch faul neben den Liegestuhl greifen und braucht euch kein Stück weit mehr zu bewegen!

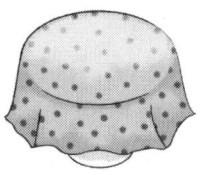

Was ihr dazu braucht:

- Zwei unterschiedlich große Tontöpfe / Blumentöpfe
- Sand
- Handtuch
- Wasser

Sport, Sport, Sport

Jonglieren mit Bällen, Keulen und Co.

Holt euch den Zirkus nach Hause und schult dabei noch
eure Köpfe! Jonglieren hält fit und macht riesig viel Spaß –
besonders, wenn Papa sich ungeschickter anstellt als
der Nachwuchs ...

Wer jonglieren kann – vielleicht sogar mit drei oder vier Bällen –, beein-
druckt seine Zuschauer garantiert! Aber nicht nur der Showeffekt
macht das Jonglieren spannend. Auch ganz ohne Publikum kann man
eine Menge daraus ziehen: Es fördert die Konzentration, das räumliche
Vorstellungsvermögen und das Gleichgewichtsgefühl. Es spricht also
alles dafür, sich schnellstmöglich Bälle oder Keulen zu schnappen und
loszulegen! Wer große Hände hat, kann es auch mit Tennisbällen probieren.

So geht's:

Werft zum ersten Üben einen Ball diagonal vor dem Oberkörper von
der rechten in die linke Hand und wieder zurück. Die Arme solltet ihr
dafür nah am Körper halten, die Unterarme waagerecht.
Nehmt nun zwei Bälle, je einen in jede Hand. Werft den rechten Ball
diagonal nach links, bis etwas oberhalb der Stirn. Wenn der Ball den

höchsten Punkt erreicht hat, werft ihr den anderen Ball (aus der linken Hand) ebenfalls diagonal auf dieselbe Höhe. Versucht dann, beide Bälle (zeitversetzt) mit der jeweils anderen Hand zu fangen – zuerst den aus der rechten mit der linken Hand, dann den aus der linken mit der rechten. Beginnt nun dieselbe Chose mit der linken Hand zuerst.

Nehmt im nächsten Schritt zwei Bälle in die rechte und einen Ball in die linke Hand. Werft genau wie zuvor, nur mit der rechten Hand einmal öfter: rechts – links – rechts. Dann die Bälle wieder fangen. Jetzt umgekehrt: links – rechts – links.

Nun macht ihr dieselbe Übung noch einmal, lasst aber die Pausen nach dem Fangen aus. Also: Mit rechts zuerst werfen, ist der Ball am höchsten Punkt, mit links werfen und nach dem Fangen direkt wieder von Neuem starten.

Oft fällt es leichter, den Rhythmus zu halten (oder überhaupt zu finden), wenn man beim Werfen laut zählt: „1 und 2 und 3 und 4 …" Wichtig ist auch, die Hände nicht zu weit oben zu halten – lasst die Unterarme am besten auf Höhe des Beckens. Manchmal hilft es, vor einer Wand zu üben, da man hier nicht ständig vor- und zurückgehen kann.

Tipp: Täglich zehn Minuten üben bringt mehr als einmal die Woche eine Stunde. Außerdem verbringt ihr so jeden Tag ein bisschen Zeit miteinander – das schweißt ganz schön zusammen!

Wenn ihr schon in Übung seid und euch die Bälle nicht mehr querfeldein schießen, könnt ihr auch versuchen, über Kreuz zu jonglieren. Das funktioniert so:

Ihr startet mit zwei Bällen, davon hält jeder einen in der Hand. Nun wirft Jongleur A Jongleur B seinen Ball zu. Noch bevor B den Ball fängt, wirft er seinen Ball ebenfalls zu seinem Mitspieler. Dann fängt B den Ball und wirft ihn von der einen Hand in die andere. A fängt ebenso den Ball von B auf. Während A den Ball von der einen in die andere Hand wirft, wirft B bereits den ersten Ball zu A zurück usw. Läuft alles rund, könnt ihr nach und nach einen dritten, vierten oder fünften Ball hinzunehmen …

Wenn ihr einmal Feuer gefangen habt, könnt ihr euch auch Jonglierkeulen besorgen (die „langen" sind einfacher zu handeln als die „kurzen", die sich sehr schnell drehen). Da die Dinger im Flug rotieren, übt ihr zu Beginn besser mit nur einer Keule und probiert erst mal aus, mit wie viel Schwung ihr sie werfen müsst. Habt ihr den Dreh raus, kommen die zweite und die dritte Keule mit ins Spiel, und fertig ist die Zirkusattraktion!

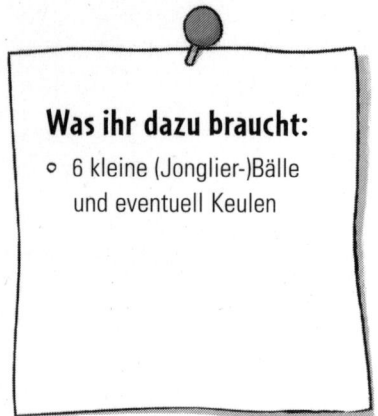

Was ihr dazu braucht:

- 6 kleine (Jonglier-)Bälle und eventuell Keulen

Werdet Tandem-Partner

Eine gemeinsame Fahrradtour ist toll. Und auf einem ungewöhnlichen Zweiergespann ist sie gleich doppelt abgefahren!

Kaum jemand hat einfach mal so ein Tandem in der Garage stehen. Dabei bringen die Doppelräder jede Menge Spaß – und tragen zur Verbrüderung bei: Um richtig fix zu sein, müssen beide gemeinsam strampeln und sind so hundertprozentig aufeinander angewiesen (auch wenn der Hintermann schnell mal so tun kann, als ob …)!

Manche Fahrradverleihe haben die lustigen Räder im Angebot (ab ca. 40 € pro Tag oder 60 – 80 € pro Wochenende). Also informiert euch doch mal, wo ihr günstig ein Tandem bekommen könnt, sucht euch ein tolles Ziel aus, und schon kann's losgehen.

Wer hinten und wer vorne sitzt, wird ausgelost. Oder ihr wechselt euch einfach immer wieder ab. Wenn Papa ein Gentleman ist, lässt er dem Sohnemann den Vortritt und liefert sich seinen Steuerungskünsten aus – durchaus eine vertrauensbildende Maßnahme!

Was ihr dazu braucht:

- Ausgeliehenes Tandem
- Zwei Fahrradhelme
- Eventuell eine Fahrradkarte

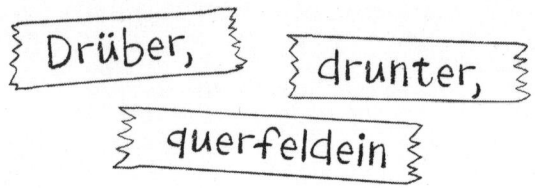

Kräfte messen im Hindernisparcours

Einmal richtig durch den Garten pesen, über Hindernisse sprinten und knifflige Aufgaben lösen – wem macht das keinen Spaß? Hier kann man so richtig Gas geben!

Ihr musstet schon viel zu lange im Büro oder in der Schule still sitzen und habt Lust, euch mal so richtig auszutoben? Wie wär's mit einem Hindernislauf? Baut euch euren eigenen Parcours und stoppt gegenseitig eure Zeiten. Das Einzige, was ihr dafür braucht, ist etwas Platz – ein eigener Garten ist ideal, aber auch eine Wiese im Park eignet sich sehr gut – und ein paar lustige Hindernisse. Hier ist eure Kreativität gefragt!

Ein paar Hindernisideen für einfallslose Athleten:
Leiterlauf
Legt eine oder mehrere Leitern flach auf den Boden und tretet immer nur zwischen die Sprossen.

Ballontisch
Blast Luftballons auf und knotet sie an 6–8 Fäden. Die klebt ihr auf einer Tischplatte fest, sodass vorn und hinten ein „Tor" aus Ballons

entsteht. Ziel ist nun, unter dem Tisch und zwischen den Ballons hindurchzukriechen, ohne einen einzigen Ballon zum Platzen zu bringen. Tipp für die Söhne: Je niedriger der Tisch, desto schwieriger ist die Aufgabe für Papa!

Tarzan

Knotet ein dickes Seil an einen besonders stabilen Ast. Besonders spannend wird es, wenn ihr darunter noch ein Planschbecken aufstellt. Dann könnt ihr über das Becken oder einfach von einer Markierung zur nächsten schwingen. Die Alternative: Versucht, euch an dem Seil hochzuhangeln – wer schneller an den Ast gelangt, hat gewonnen.

Balanceakt

Legt ein dickes Kantholz sorgfältig auf zwei nicht zu hohe Blöcke (z. B. einige Gehwegplatten oder Holzklötze). Jetzt könnt ihr versuchen, darüberzubalancieren. Eine noch spannendere Herausforderung ist es, eine „Slackline" zwischen zwei Bäume zu spannen und darauf das Balancieren zu üben. Das ist eine ganz schön wackelige Angelegenheit, doch wenn ihr den Bogen einmal raushabt, könnt ihr mächtig stolz auf euch sein.

Zeitungslauf

Jeder bekommt zwei Bogen Zeitungspapier. Aufgabe ist es nun, mithilfe der Bogen möglichst fix eine bestimmte Strecke zurückzulegen, ohne dabei den Boden zu berühren. Das geht so: Einen Bogen hinlegen, drauftreten, den anderen davorlegen, auf diesen treten, den Bogen von hinten nach vorn legen, wieder draufsteigen – und immer so weiter bis zum Ziel!

Hula-Hoop!

Versucht, einen Hula-Hoop-Reifen 30 Sekunden lang kreisen zu lassen. Fällt er vor der vereinbarten Zeit herunter, müsst ihr es erneut versuchen, bis ihr die Aufgabe geschafft habt.

Apfelschnappen

Bindet einen Apfel an eine Schnur und lasst ihn von einem Ast hängen. Dann müsst ihr versuchen, einen Bissen abzubeißen, ohne den Apfel mit den Händen zu berühren. Oder ihr lasst den Apfel in einem großen (sauberen!) Behälter mit (sauberem!) Wasser schwimmen und probiert, ihn nur mithilfe eures Mundes wieder „herauszuschnappen".

Krabbenlauf

Setzt euch aufs Gras, drückt den Po in die Luft und lauft entweder auf euren Unterarmen und euren Füßen oder auf Händen und Füßen „rückwärts" (Rücken und Po zeigen in Richtung Boden, der Hinterkopf in Laufrichtung) so schnell wie möglich ins Ziel!

Was ihr dazu braucht:

- Stoppuhr und zahlreiche weitere Utensilien, wie z. B.
- Leiter(n)
- Luftballons, Fäden, Klebeband, Tisch
- Dickes Seil, Planschbecken

- Dickes Kantholz, zwei nicht zu hohe Blöcke (z. B. einige Gehwegplatten oder Holzklötze) oder „Slackline"
- Einige Bogen Zeitungspapier
- Hula-Hoop-Reifen
- Apfel, Schnur oder Wanne

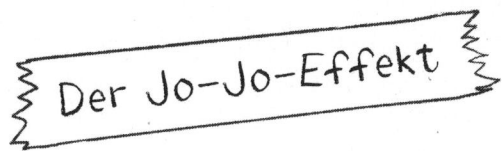

Der Jo-Jo-Effekt

Beeindruckt mit den coolsten Spinnings

Vielleicht kennt euer Dad coole Jo-Jo-Tricks schon aus seiner
Schulzeit und kann sie bis heute – oder er erinnert sich zumin-
dest daran, wie viel Spaß ihm das Spiel mit dem kleinen runden
Ding gemacht hat, und ihr lernt die Tricks gemeinsam neu!

Jo-Jos wurden vermutlich vor mehreren Tausend Jahren in China er-
funden. Sicher ist auf alle Fälle, dass schon vor 2.500 Jahren die Kinder in Griechenland damit gespielt haben. Ihre Jo-Jos waren aus ge-
branntem Ton (wie heutzutage Blumentöpfe). Später spielten adlige
Kinder mit Jo-Jos aus Elfenbein oder Glas – die Dinger waren jedoch
leicht zerbrechlich und daher nicht sehr praktisch …

Gute Jo-Jos, mit denen man tolle Tricks machen kann, gibt's im Spiel-
warenhandel für wenig Geld. Obwohl Jo-Jo spielen simpel aussieht,
kann man sich stundenlang damit beschäftigen. Denn so ein rollendes
Ding ist ganz schön tricky: Ein Trick-Jo-Jo hat einen Freilauf (wie ein
Fahrrad mit Kettenschaltung) – das heißt, wenn der Faden abgerollt
ist, dreht sich das Jo-Jo am unteren Ende einfach weiter (man nennt
das einen „Sleeper") und kommt erst mit einem kurzen Ruck der Spiel-
hand wieder hoch.

So geht's:

Sleeper

Werft euer Jo-Jo mit ein wenig Schwung nach unten. Ist das Seil zu Ende, dreht es sich frei. Mit einem kleinen Ruck „weckt" ihr den „Schläfer", und das Jo-Jo kommt wieder hochgeflitzt.

Walk the dog

Werft das Jo-Jo zu einem Sleeper nach unten und setzt es dann vorsichtig auf den Boden – es rollt jetzt weg wie ein Hund an der Leine (daher der Name). Ihr müsst hinterherlaufen und das Jo-Jo rechtzeitig wieder hochziehen. Der Jo-Jo-Dackel läuft allerdings nur auf glatten Böden, am besten drinnen.

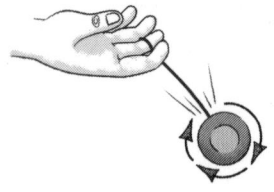

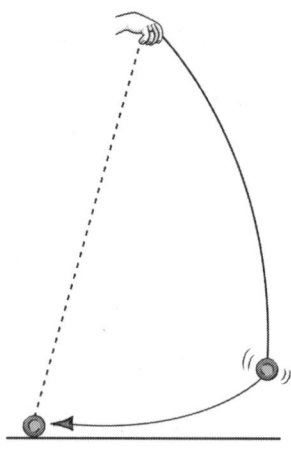

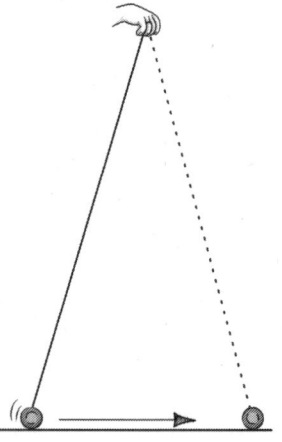

Werft das Jo-Jo nicht nach unten, sondern „quer" von euch weg, greift die Schnur in der Mitte mit der freien Hand (mit der linken, wenn ihr Rechtshänder seid und andersherum) und versetzt es mit dieser Hand in eine leichte Kreisbewegung. Das Ergebnis: Das Jo-Jo dreht sich doppelt – es rotiert auf der Seite liegend (quer) und dreht sich zugleich an der Schnur im Kreis.

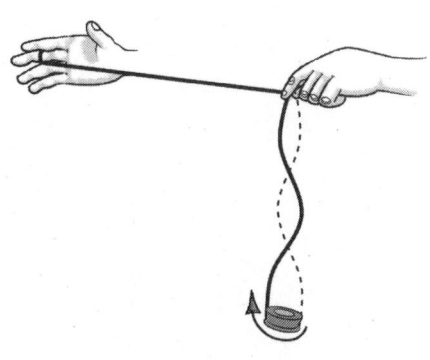

Trapezkünstler

Hebt eure Wurfhand auf Schulterhöhe an und werft das Jo-Jo schräg von euch weg (Rechtshänder nach schräg links vorne). Drückt dann mit dem Zeigefinger der freien Hand von oben auf die Schnur, sodass das Jo-Jo eine Rolle über den Zeigefinger schlägt und auf der Schnur zwischen Zeigefinger und Wurfhand landet (diese Zielgenauigkeit erfordert viel Übung). Das Jo-Jo hier weiterdrehen lassen, dazu etwas mehr Seil geben. Dann könnt ihr das kreisende Ding mit einem Aufwärtsruck des Zeigefingers nach vorn schnellen und zurück in die Wurfhand kehren lassen.

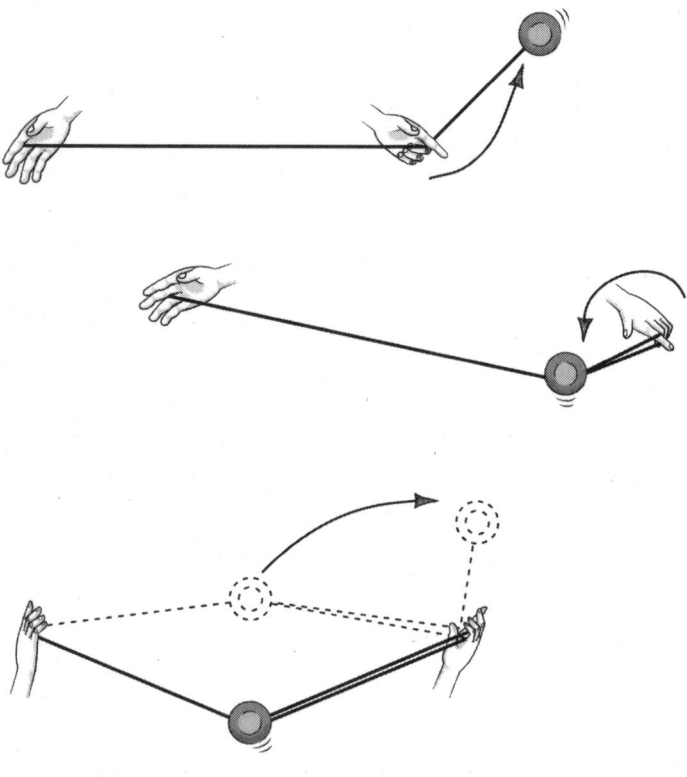

Looping

Das Jo-Jo abrollen lassen und wieder hochziehen – jetzt aber nicht wieder auffangen, sondern um die Hand herum kreisen lassen (achtet darauf, dass sich die Schnur dabei nicht um eure Finger wickelt). Danach erneut abrollen, und wieder um die Hand kreisen lassen. Mal sehen, wer es von euch beiden am häufigsten hintereinander schafft!

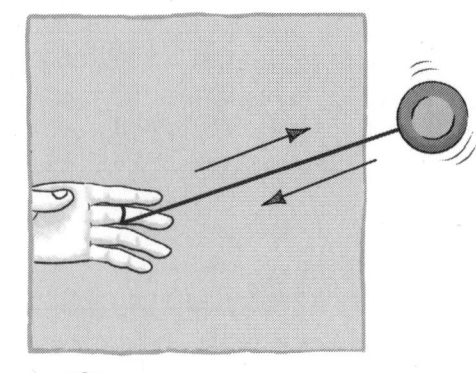

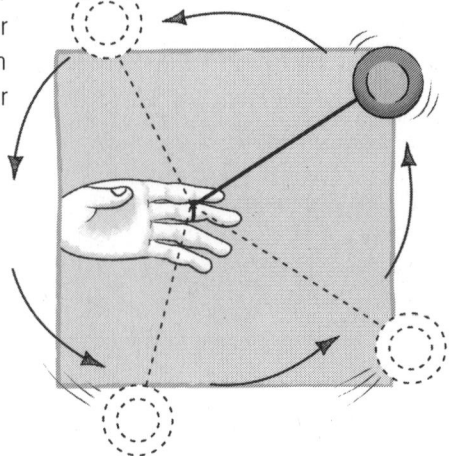

Was ihr dazu braucht:

o 2 Trick-Jo-Jos

Das große Schneckenrennen

Wusstet ihr, dass Schnecken verkannte Sportskanonen sind? Einmal losgeschleimt, ist eine fitte Rennschnecke kaum zu stoppen (wenn am Ziel ein saftiges Salatblatt lockt ...)!

Um ein Schneckenrennen zu starten, müsst ihr natürlich zunächst genügend sportliche Kriechtiere zusammengesammelt haben. Ihr braucht mindestens so viele Schnecken, wie ihr Teilnehmer seid (die meisten findet man von Juni/Juli bis in den Spätherbst – und am allermeisten, wenn es gerade geregnet hat). Mit Wasserfarbe oder wasserfesten Markerstiften könnt ihr dann Startnummern auf die Schneckenhäuser schreiben oder sie mit eurem Lieblingssymbol kennzeichnen.

Warnung: Mit den Stiften nicht zu stark auf die Häuser drücken, sodass die Schneckenbehausung nicht zerbricht!

Nun kann das Rennen starten: Zieht eine Startlinie, setzt die Schnecken nebeneinander davor und zieht parallel dazu in 10 – 20 cm Entfernung eine Ziellinie. Ab jetzt heißt es anfeuern!
Natürlich kann man seine Rennschnecke auch zusätzlich motivieren: Mit einem verlockend saftigen Grashalm oder Salatblatt könnt ihr

eure schleimigen Sportler auf Kurs halten. (Ihr solltet jedoch vor dem Start klären, ob der Einsatz von Lockmitteln erlaubt ist. Nicht dass ihr aufgrund von Doping oder versuchter Erpressung aus dem Rennen fliegt!)

Schneckenrennen-Profitipp: Sucht euch die Schnecke mit dem wenigsten Schleim aus – auch wenn es kaum zu glauben ist: je weniger Glibber, desto schneller „flitzen" die Tierchen davon!

Was ihr dazu braucht:

- Wasserfarben oder Markerstifte

Zielsicher mit Pfeil und Bogen

Früher spielten Jungs mit Pfeil und Bogen „Cowboy und Indianer", heute lernen Manager Bogenschießen, um ihre innere Mitte zu finden. Irgendwas muss an der Sache also dran sein …

So geht's:

Pfeil und Bogen könnt ihr euch ganz einfach selbst bauen: Sucht euch biegsame, elastische Zweige, z. B. von Haselnusssträuchern (die geeignetsten findet ihr im Frühjahr). Kürzt sie etwa armlang und ritzt an beiden Enden rundherum jeweils eine Kerbe. Dann knotet ihr eine reißfeste Schnur straff um beide Einkerbungen, und fertig ist der Bogen. Die Pfeile müssen aus möglichst geraden Ästen sein, in ihre Enden schnitzt ihr wiederum eine Kerbe, um die „Sehne" des Bogens (das Seil) aufzunehmen.

Seid ihr beide ausgerüstet, stellt ihr euch am besten nebeneinander und schießt auf ein fest definiertes Ziel, wie z. B. einen Baumstamm. Oder ihr malt euch professionelle Zielscheiben auf ein Stück Pappe und befestigt sie an einem Baum, am Gartenhäuschen oder einem anderen Gegenstand.

Genauso viel Spaß macht es, mit Pfeil und Bogen ums Haus zu schleichen und Mama oder die Geschwister zu erschrecken!

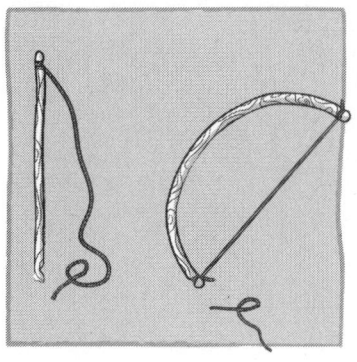 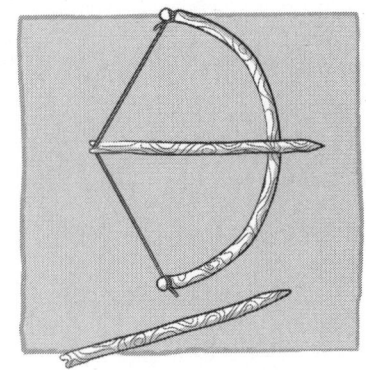

Warnung: Eins dürft ihr dabei nie vergessen: Ihr dürft niemals auf Menschen schießen! Auch nicht im Spaß, denn die Verletzungsgefahr ist sehr hoch!

Wenn ihr Lust habt, das Ganze mal professioneller auszuprobieren, besucht doch mal einen Bogenschützenverein. Dort kann man kann sich Pfeil und Bogen ausleihen und versuchen, die aufgestellten Zielscheiben und Säcke zu treffen. Das ist sehr viel schwieriger und anstrengender, als es aussieht. Vielleicht wird euch schnell langweilig, und es bleibt bei einem Nachmittag – vielleicht entdeckt ihr aber auch ein neues gemeinsames Hobby. Weltweit erlebt Bogenschießen momentan ein Comeback, weil man sich super konzentrieren und quasi „mit dem Pfeil eins werden" muss, um das Ziel zu treffen. Das entspannt und ist zugleich anregend – eine Mischung, die überforderte Manager ebenso gut brauchen können wie genervte Schulkids!

Was ihr dazu braucht:

- Taschenmesser
- Elastische Zweige
- Reißfeste Schnur

Lässige Ballwechsel im Selfmade-Feld

Badminton hat's ganz schön in sich: toughe Aufschläge, komplizierte Regeln und ein ständiges Hin-und-her-Geflitze. Da ist ein Federballspiel sehr viel entspannter – vor allem, weil man miteinander und nicht gegeneinander spielt!

Federball ist die Hobbyvariante des Wettkampfsports „Badminton". Beim Federballspielen geht es daher auch nicht ums Gewinnen. Das Wichtigste ist, dass beide Spieler gemeinsam Spaß haben! Dabei sind möglichst lange Ballwechsel das Ziel, und es werden keine Punkte gezählt.

So geht's:

Ein Badmintonfeld ist über 13 m lang und gut 6 m breit. Euer Federballfeld könnt ihr aber genau so groß oder klein markieren, wie ihr wollt. Ihr könnt die beiden Spielfeldhälften auch verschieden groß anlegen, ein kleineres für den kleineren Mitspieler und ein größeres für den größeren. Auf der Straße zeichnet ihr euer Feld am einfachsten mit Kreide, im Park oder Garten könnt ihr kleine Spiel-Verkehrshütchen oder andere Markierungen nehmen, die keine Verletzungsgefahr darstellen (eure Pullover oder Taschen eignen sich z.B. sehr gut, um die jeweiligen Eckpunkte festzulegen). Während man zum Badmintonspielen ein ca. 1,5 m hohes Netz spannt, könnt ihr Federball genauso gut auch ohne Netz spielen. Oder ihr nehmt ein einfaches Seil und befestigt es zwischen zwei Bäumen, Tischen oder sonstigen Gegenständen.

Und schon kann losgespielt werden! Auch wenn ihr euch nicht wie beim Badminton gegenseitig schlagen, also besiegen müsst, könnt ihr euch gut und gerne ein bisschen herausfordern und sprinten lassen. Dafür sind einige Tricks vom Badminton sehr hilfreich:

o Der Aufschlag erfolgt beim Badminton immer diagonal in die schräg gegenüberliegende Spielfeldhälfte. Das ist auch beim Federballspiel ein guter Einstieg.

o Haltet den Schläger nicht im „Bratpfannengriff" (quer zur Hand), sondern parallel zur Handfläche.

o Übt vor dem Spiel ein paarmal eure „Rückhand" (für Rechtshänder: Schläger nach links neben den Körper strecken und mit der „Rückseite" des Schlägers schlagen, für Linkshänder: genau umgekehrt).

o Versucht, den Federball abwechselnd ganz kurz und ganz lang zu schlagen und euren Mitspieler so in Bewegung zu halten.

o „Clear" heißt ein langer, hoher Ball, der bis weit nach hinten ins gegnerische Feld geht (wird oft als Befreiungsschlag nach schnellen Ballwechseln eingesetzt).

o Ein „Drop" ist ein kurzer Schlag, nach dem der Ball direkt hinter dem Netz herunterfällt. Er wird oft in Kombination mit dem Antäuschen eines „Clear" gespielt

o Ein „Smash" ist ein besonders steiler Schmetterschlag – professionelle Badmintonspieler schaffen es sogar, den Ball bis zu 300 km/h zu beschleunigen. Ein gekonnter Smash kann demjenigen, der ihn ausführt, sehr viel Spaß bringen, macht beim Federball aber nicht so viel Sinn, weil er den Ballwechsel meist ganz fix unterbricht …

Mal sehen, wie oft ihr es schafft, hin und her zu spielen!

Was ihr dazu braucht:

- Federball- oder Badminton-
  schläger
- Federbälle
- Eventuell ein langes Seil
- Kreide oder sonstige
  Markierungen

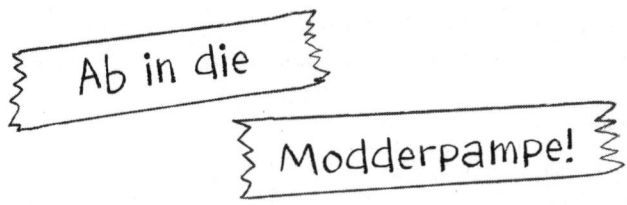
Ab in die Modderpampe!

Pfützenspringwettkampf nach eigenen Regeln

Es gibt kein schlechtes Wetter, es gibt nur schlechte Kleidung! Spätestens, wenn es nicht mehr aus Kübeln gießt, heißt es: Rein in die Gummistiefel und raus ins nasse Vergnügen!

Im Wald macht's noch mehr Spaß als auf der Straße, doch notfalls genügt auch ein nicht asphaltierter Weg – und schon kann das große Pfützenspringen starten!

Aber mit längeren Beinen kommt man natürlich viel weiter (allerdings ist dann auch die Gefahr größer, beim Landen auszurutschen und rücklings ins Wasser zu fliegen)! Deshalb müsst ihr euch lustige Regeln ausdenken, um euch miteinander zu messen. Zum Beispiel:

Mit Anlauf mittenrein
Nehmt jede Menge Schwung und springt so rasant wie möglich in die Pfütze. Wer schafft es, am weitesten zu spritzen?

Elegantes Pfützenballett
Dreht auf Zehenspitzen eine Pirouette wie eine Primaballerina, den anderen Fuß streckt ihr entweder hoch in die Luft, oder ihr schleift ihn

so richtig schön durch die Matsche – der Zuschauende vergibt Eleganzpunkte!

Pfützenmarathon
Hierzu braucht ihr eine große Anzahl Pfützen – je mehr, umso besser! Ziel ist es, ja keine (!) trockenen Füße zu behalten: Wer kann von einem Wasserloch zum nächsten springen, ohne zwischendurch den Boden zu berühren? Wessen Gummistiefel am Ende noch ein trockenes Futter haben, der hat leider verloren! (Die stubenreine Alternative: Wer kommt zwischen den Pfützen hindurch oder drüber hinweg, ohne einen einzigen Spritzer abzubekommen?)

Tipp: Handtücher und Wechselklamotten bereitlegen!

Was ihr dazu braucht:

○ Pfützen
○ Gummistiefel

Kicken wie Messi und Co.

Trainiert Profi-Fußballtricks

Kicken kann jeder? Von wegen! Fußballtricks muss man üben, bis sie richtig lässig sitzen. Falls fußballbegeistert, seid ihr sicher sofort Feuer und Flamme. Und Papa kann endlich seine alten Skills wieder ausgraben. Oder ihr bastelt euch einen einzigartigen Glow-in-the-dark-Fußball.

Übung macht den Meister. Wenn Profis ganz entspannt den Ball mit Hacke, Spitze und Kopf umherspringen lassen, steckt dahinter jahrelanges Training. Doch alleine üben ist auf Dauer langweilig – zu zweit macht es viel mehr Spaß, und darüber hinaus ist es auch effektiver: Einer ist jeweils der Gegner, man kann sich abwechseln, gegenseitig Tipps geben und bemerkt viel schneller die eigenen Erfolge.

So geht's:

Around the world
Legt den Ball ruhig auf euren rechten (oder linken) Fuß, spielt ihn dann sachte senkrecht nach oben (ungefähr auf Höhe eures Knies). Sobald ihr den Ball gekickt habt, startet ihr mit demselben Fuß eine schnelle, kreisförmige Bewegung nach innen über den Ball hinweg und von außen wieder unter den Ball. Fangt ihn schließlich auf, haltet ihn auf

dem Fuß oder spielt denselben Trick gleich noch einmal. Genauso könnt ihr auch zu eurem anderen Fuß wechseln.

Einbein-Bolero

Für den Bolero legt ihr den Ball auf euren rechten Fuß und klemmt ihn dann auf dem Rist zwischen Spann und Schienbein ein. (Bild 1) Spielt ihn nun leicht nach oben und fangt ihn dort mit dem Knie bzw. Oberschenkel wieder auf. (Bild 2) Dreht euer Bein **in einer schnellen** Klappbewegung nach innen, bis der Ball in der seitlichen Kniekehle landet. (Bild 3) Klemmt ihn nun in eurer Kniekehle ein und lasst ihn dann seitlich am Bein bis zum Fuß herunterrollen. Nun müsst ihr das Bein fast bis auf den Boden absenken, den Ball wieder in die Höhe spielen und immer so weiter …

Nacken-Roller

Für diesen Trick müsst ihr den Ball auf dem oberen Rücken, also eurem Nacken, balancieren – am besten funktioniert das, wenn ihr die Oberarme nach hinten oben zieht, um mit dem Rücken eine Kuhle zu formen. Lasst den Ball dann langsam zur linken Schulter rollen. Klemmt ihn zwischen Gesicht und Schulter ein, beugt euch danach mit dem Rücken nach hinten und lasst den Ball weiter auf die Brust rollen. Dabei legt ihr die Oberarme seitlich an den Körper und balanciert den Ball mittig auf der Brust. Über die rechte Schulter rollt ihr ihn dann wieder zurück in den Nacken. Damit er nicht von der Schulter fällt, nehmt ihr den rechten Arm nach oben, klemmt den Ball zwischen Kopf und Oberarm ein, beugt euch nach vorne und haltet ihn wieder auf dem Rücken. (Obwohl der Trick Nacken-Roller heißt, rollt der Ball hier tatsächlich gar nicht so viel – vielmehr dreht sich euer Körper um den Ball herum.)

Wenn ihr statt an euren Skills lieber am Ball herumbasteln wollt, dann kommt hier ein glühend heißer …

Bild 1

Bild 2

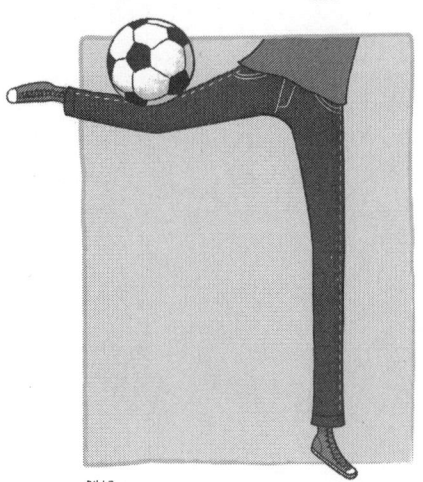

Bild 3

Tipp: Beklebt einen (alten) Ball mit Leuchtfolie (die bekommt ihr im Bastelladen) und lasst ihn tagsüber in der Sonne liegen. Abends könnt ihr die kleine Leuchtkugel dann durch den Garten jagen!

Was ihr dazu braucht:

- Fußball
- Alten Ball + Glow-in-the-dark-Folie

Flitzt in Seifenkisten um die Wette

Seifenkisten sind schon seit zig Jahren der absolute Renner.
Früher bauten abenteuerlustige Jungs ausrangierte Kinder-
wagenräder an alte Seifenkisten und preschten damit den
Abhang hinunter. Heute werden richtig professionelle Rennen
ausgerichtet, und die Kisten sind wahre Hightech-Rennfahrzeuge.
Aber auch in den einfachen Varianten kann man es richtig
krachen lassen!

So geht's:

Für eure Seifenkiste müsst ihr zunächst die zwei Kanthölzer vollständig durchbohren (der Durchmesser der Bohrung muss etwas größer
sein als der Durchmesser der Achse). Nun könnt ihr die Achsen durch
die Kanthölzer schieben.

Als Nächstes montiert ihr den Unterboden eures Rennfahrzeugs: Dafür
legt ihr das 40 cm breite Brett mittig auf das hintere Kantholz, sodass
es hinten bündig abschließt (rechts und links bleibt zu den Rädern ein
Abstand von 5 cm). Jetzt könnt ihr die Schraubenlöcher vorbohren und
das Brett mit vier Schrauben am hinteren Kantholz befestigen. Die
Verbindung zur Vorderachse erfolgt durch eine mittig montierte Stockschraube, die auf der Oberseite mit einer Unterlegscheibe und einer

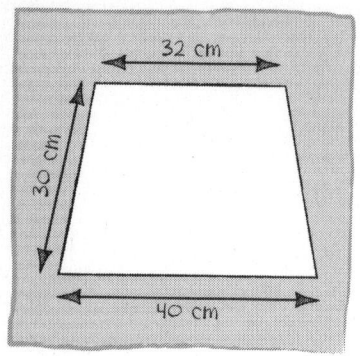

Mutter gesichert wird. Mittig zwischen Unterboden und Rädern montiert ihr dann auf der Innenseite des Kantholzes zwei Ringschrauben – das ist die Halterung für das Lenkseil. Fädelt das Seil ein und knotet es fest.

Jetzt fehlt nur noch der Fahrersitz. Der wird aus den vier kleineren Holzplatten gebaut. Am einfachsten ist es, sie mit einer Stichsäge zuzuschneiden. Die Sitzfläche sollte vorne etwas breiter sein (40 cm), nach hinten hin schmaler werden (32 cm) und 30 cm tief sein. Jetzt könnt ihr die übrigen Platten anlegen, entsprechend zusägen und zu einem Sitz mit Rücken- und Seitenlehnen verschrauben. Den fertigen Sitz schraubt ihr auf den Unterboden. Und dann ab in die Seifenkiste!

Tipp: Wenn ihr beide mit dem neuen Renngefährt antreten wollt, müsst ihr höchstwahrscheinlich den Sitz weglassen, weil Papa sonst nicht in die Kiste passt!

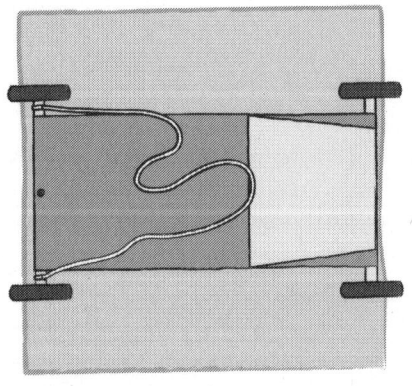

Warnung: Testet eure Seifenkiste zur Sicherheit erst einmal bei leichtem Gefälle. Steile Abhänge könnt ihr dann in Angriff nehmen, wenn nichts mehr wackelt oder scheppert. Und nun: Cool Runnings!!!

Was ihr dazu braucht:

- 2 Kanthölzer: 50 × 4 × 4 cm
- 1 Holzbrett: 100 × 40 × 3 cm
- Vorder- und Hinterachse eines alten Kinderwagens oder vier Räder und zwei Alu-Rundstäbe als Achsen
- 4 Holzplatten: 40 × 40 × 2 cm
- Holzschrauben
- 1 Stockschraube mit passender Mutter und Unterlegscheibe
- 2 Ringschrauben
- Seil aus Naturfaser oder Kunststoff mit einem Durchmesser von 1 cm (Lenkseil)
- Stichsäge, Schleifpapier
- Akkuschrauber
- Stoppuhr

Calvinball

Wer blickt hier noch durch?

Kennt ihr die Comichelden „Calvin & Hobbes"? Dem Jungen Calvin und seinem Tiger Hobbes fallen immer wieder neue, mehr oder minder sinnvolle Aktionen ein. Aber eins muss man ihnen lassen – sie sind dabei sehr unterhaltsam. Genau wie ihr Ballspiel „Calvinball". Die einzige Regel lautet: Keine Regel darf sich wiederholen!

So geht's:

Beim Calvinball mischen die beiden wie wild alle Spielregeln und Abläufe aus bekannten und (noch) unbekannten Ballspielen durcheinander. Es wird geworfen, gerannt, gekickt, gekullert, auf einem Bein gehüpft und der Gegner an der Nase herumgeführt. Mit jedem Ballwechsel gibt ein Spieler sein Ziel vor, und der Gegner muss sein Bestes tun, ihn an der Umsetzung zu hindern, z. B: „Ich dribble den Ball auf das Tor zu, und schaffst du es nicht, ihn mir abzunehmen, bevor ich ein Tor werfe, bekomme ich einen Punkt." Als Nächstes gibt der andere eine Regel vor, z. B.: „Wenn ich es schaffe, den Ball mit den Krocketschlägern ins Tor zu schießen, bevor du auf einem Bein um das Spielfeld gehinkt bist, geht ein Punkt an mich."

Je abgefahrener eure Ideen sind, desto witziger wird das Spiel! Dabei ist der Punktestand weitaus weniger wichtig als das Spielen selbst: Nach wenigen Ballwechseln können sich beide meist vor Lachen nur noch krümmen …

Was ihr dazu braucht:

- Ball
- Diverse Spielutensilien
  (hier könnt ihr kreativ sein!)

Jede Menge Mist bauen

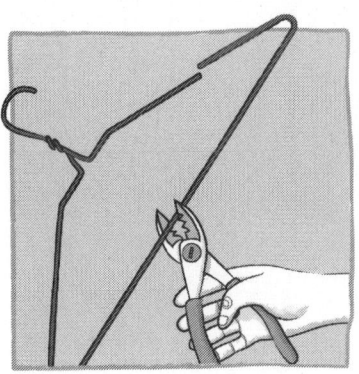

Pups!

Knatternde Furzmaschine aus Drahtbügeln

Ein klassisches Furzkissen schiebt man anderen unter.
Doch mithilfe dieser grandiosen Konstruktion pupst ihr
selbst so dramatisch, dass es allen den Appetit verdirbt!

So geht's:

Kneift ein etwa 25 bis 30 cm langes Stück Draht aus einem Kleider-
bügel heraus und biegt ein etwa gleichseitiges U daraus (wenn ihr

euch geschickt anstellt, könnt ihr mindestens eine der im Bügel vorhandenen Biegungen übernehmen). (Bild 1) Biegt nun an den beiden oberen Enden des U kleine Ösen für das Gummiband. Dann fädelt ihr zwei Gummibänder durch einen Metallring und führt die heraushängenden Schlaufen des einen Gummis rechts und die Schlaufen des anderen Gummis

Bild 1

Bild 2

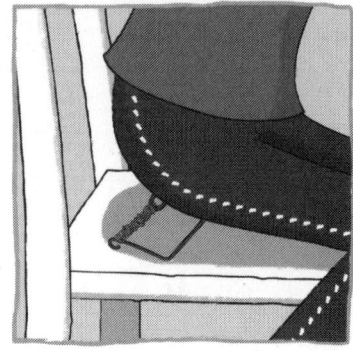
Bild 3

links um die Ösen. (Bild 2) Jetzt müsst ihr den Metallring nur noch mehrfach um die eigene Achse drehen – fertig! Die Furzmaschine kann zum Einsatz kommen: Legt den Furzbügel mit dem Gummiband nach hinten unter euren Po auf einen Stuhl (er sollte eine möglichst feste Oberfläche haben). Setzt euch drauf und lasst es knattern! (Bild 3)

Was ihr dazu braucht:

- Drahtkleiderbügel
- Seitenschneider
- Zange
- Zwei dicke Gummibänder
- Metallringe
  (kleine für hohe Mäusepupse,
  große für Elefantenfürze)

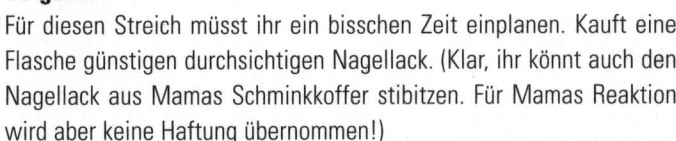

Saubere Sache

Eine glanzlackierte Seife

Garantiert wird kein Mensch damit rechnen, dass es euch gelingt, der Seife das Schäumen auszutreiben ...

So geht's:

Für diesen Streich müsst ihr ein bisschen Zeit einplanen. Kauft eine Flasche günstigen durchsichtigen Nagellack. (Klar, ihr könnt auch den Nagellack aus Mamas Schminkkoffer stibitzen. Für Mamas Reaktion wird aber keine Haftung übernommen!)

Entführt das Stückchen Seife aus dem Bad oder der Küche und lasst es vollkommen trocknen. (Falls ihr Handseife in der Küche liegen habt, ist sie besser geeignet, weil ihr dann besser zugucken könnt, wenn euer Opfer auf den Trick reinfällt – im Bad ist man beim Händewaschen ja meist unbeobachtet.)

Lackiert nun die Seifenoberseite gründlich mit durchsichtigem Nagellack und lasst sie gut trocknen. Dabei müsst ihr ein wenig Geduld aufbringen, denn wenn ihr zwischendurch testet, ob der Lack schon trocken ist, ist er später voller Fingerabdrücke. Auch föhnen hilft nicht, dadurch wird der Lack eher rissig. Ist die Oberseite trocken, könnt ihr die Seife umdrehen und die Unterseite ebenfalls mit durchsichtigem Nagellack bestreichen. Dabei müsst ihr darauf achten, dass ihr an den

Anschlusskanten weder zu dick auftragt noch freie Stellen übrig bleiben. Nun heißt es wieder trocknen lassen.

Ist die Seife schließlich fertig präpariert, legt ihr sie unauffällig an ihren üblichen Platz zurück. Der Nächste, der sich die Hände waschen möchte, wird sich an dem gut lackierten Stück dumm und dämlich seifen ...

**Was ihr
dazu braucht:**

- Seife
- Transparenten
  Nagellack

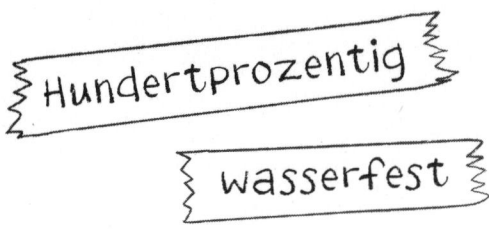

Eine Origami-Wasserbombe

Es ist eine brütende Hitze, eine Wasserschlacht wäre jetzt das Größte, doch ihr habt keine Ballons für eure Wasserbomben im Haus? Dann baut euch doch einfach selber welche! Wie das gehen soll? Ganz einfach, mit Papier! Hier kommt eine faszinierende Origami-Wasserbomben-Bauanleitung.

So geht's:

Die Basis eurer Origami-Wasserbombe ist ein simples, quadratisches Blatt Papier. Faltet und entfaltet das Blatt an beiden Diagonalen, sodass vier Dreiecke entstehen. Danach knickt ihr das Quadrat so, dass zwei gegenüberliegende dreieckige Seiten aufeinanderliegen. Das entstandene Rechteck müsst ihr dann ineinanderschieben, sodass ein einziges flaches Dreieck („Fliegerdreieck") daraus wird.

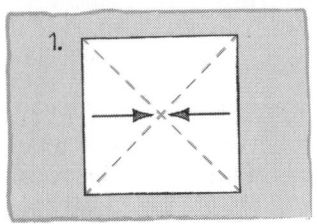

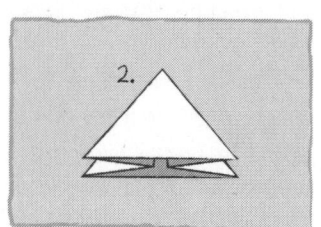

Faltet die beiden oben liegenden Ecken links und rechts nach oben zur Spitze. Jetzt die kleinen mittigen Dreiecke von rechts und links zur Mittellinie hin knicken. Danach die Dreiecke von der oberen Spitze nach unten falten.

Die neu erzeugten kleinen Dreiecke müsst ihr jeweils zur Seite hin in die „Taschen" schieben. Das ist ein wenig knifflig, aber ihr habt den Trick sicher schnell raus! Im nächsten Schritt müsst ihr das Dreieck auf die andere Seite drehen und die ganze Falterei ab dem Entstehen des ersten (großen) Dreiecks wiederholen.

Wenn ihr so weit seid und beide Seiten von rechts und links gleich aussehen, könnt ihr die Spitzen eures faltigen Gebildes oben und unten nach innen knicken und dann wieder auseinanderfalten.

Jetzt müsst ihr nur noch kräftig in das kleine Löchlein in einem der herausstehenden Dreiecke pusten – und schon entfaltet sich ein Würfel. Den könnt ihr vorsichtig mit Wasser füllen und als besonders schnittige Wasserbombe platzen lassen!

Was ihr dazu braucht:

o Normales Schreib-
  papier
o Leitungswasser

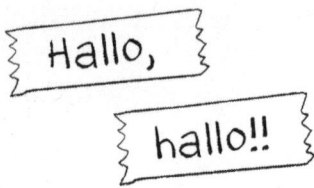

Geniale Telefonstreiche

Wenn euch mal so richtig langweilig ist, gibt es keinen lustigeren Zeitvertreib als einen kleinen Telefonstreich – ein absoluter Spaßgarant und dank Handys immer und von überall aus machbar.

Warnung: Keine Spaßanrufe bei Feuerwehr und Polizei oder anderen Notdiensten! Dadurch sind die Leitungen für diejenigen belegt, die wirklich Hilfe brauchen. Im schlimmsten Fall rücken auch noch die Einsatzkräfte unnötig aus. Und ihr müsst teuer dafür bezahlen, denn eure Anrufe können trotz Rufnummernunterdrückung polizeilich zu euch zurückverfolgt werden.

Wenn das Opfer eures Quatschanrufs eure Nummer im Display sieht, kann es natürlich Ärger geben. Vergesst deshalb niemals, die Rufnummernanzeige auszuschalten. Meist muss die Nummerunterdrückung vor jedem Anruf erneut aktiviert werden. Und wer soll überhaupt reingelegt werden? Besonders gut geeignete Opfer sind Schulfreunde und humorvolle Verwandte oder Nachbarn. Dann heißt es nur noch die eigene Stimme verstellen und so viel Quatsch wie möglich verzapfen!

Hier sind ein paar lustige Ideen:

- „Hallo, hier spricht (ausgedachter Name) vom XY-Institut. Wir machen eine Umfrage: Haben Sie ein Telefon?"

- „Hallo, gerade hat jemand von Ihrer Nummer aus bei mir einen Telefonstreich gemacht! Das finde ich gar nicht lustig!" – (das eigentliche Opfer versucht es abzustreiten, woraufhin du immer ärgerlicher wirst und schließlich wütend auflegst.)

- „Guten Tag, Ihr Mann/Ihre Frau hat bei uns eine tausend Dosen Hundefutter bestellt, wir wollten Ihnen nur mitteilen, dass sich die Auslieferung leider um zwei Wochen verspätet. Entschuldigen Sie bitte vielmals! Auf Wiederhören!"

- „Hallo, hier ist (ausgedachter Name), ist Steffen da?" – (kein Steffen zu Hause) – Okay, danke! / (Fünf Minuten später) „Hallo, hier ist (anderer ausgedachter Name), ich wollte mal den Steffen sprechen!" – (kein Steffen zu Hause) / (Viertelstunde später) „Hi, hier (noch ein ausgedachter Name), ist Steffen da?" – (wieder kein Steffen) / (Fünf Minuten später) „Hallo, hier ist Steffen, ich wollte fragen, ob jemand für mich angerufen hat?"

Was ihr dazu braucht:

- Telefon oder Handy

Ein Geysir aus Cola

Mentos-Explosionen und andere Getränkescherze

Steigt bald eine tolle Gartenparty? Mit diesen spritzigen Scherzen wird sie bestimmt noch lustiger. Aber Vorsicht: Haltet genug Abstand vom Büfett, sonst ist es danach im Eimer! Oder testet die Tricks einfach zum Vergnügen an einem Sommertag im Garten.

So geht's:

Colaflaschen-Geysir

Öffnet eine Flasche Cola light, gebt ein Minz-Mentos-Kaubonbon hinein, setzt schnell wieder die Kappe auf (nicht zuschrauben) und wartet ab. Nach 1 – 2 Minuten sprudelt die Cola in die Luft! Der Cola-Geysir entsteht durch die chemische Reaktion von Kaliumbenzoat, Aspartam und Kohlendioxid aus der Cola mit Gelatine und Gummiarabikum aus den Mentos. Am besten funktioniert's jedoch mit den originalen Minz-Mentos (Frucht-Mentos, die einen anderen Überzug haben, sprudeln lange nicht so doll).

Wasserflaschen-Fontäne

Für den folgenden Trick braucht ihr nicht mal Kohlensäure: Füllt eine leere Wasserflasche zu zwei Dritteln mit Leitungswasser. Nun benötigt ihr noch ein Kondom. Hängt es in die Flasche, klebt es am oberen Flaschenrand mit Sekundenkleber fest, und füllt es mit Wasser (dadurch wird es durchsichtig). Schraubt die Flasche dann zu und schneidet das noch überstehende Kondomgummi einfach ab. Jetzt müsst ihr nur noch ein durstiges Opfer finden und ihm die Flasche in die Hand drücken – wird sie aufgeschraubt, schießt eine Wasserfontäne heraus, und euer Gegenüber steht da wie ein begossener Pudel!

Nicht ganz dicht …

Wunderbar wässrig ist auch dieser Trick: Schraubt eine PET-Wasserflasche auf und stecht mit einer Reißzwecke oder einer Pinnwandnadel einige Löcher hinein. Schraubt die Flasche dann wieder zu und trocknet sie mit einem Geschirrhandtusch. Solange der Deckel draufbleibt, hält sie dicht – öffnet aber jemand die Flasche, läuft sofort Wasser aus den Löchlein!

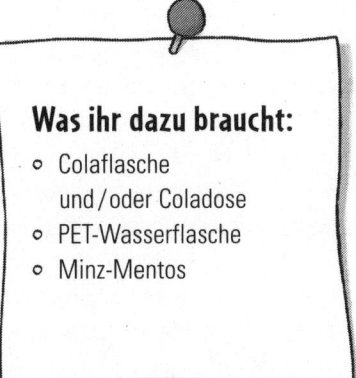

Was ihr dazu braucht:

- Colaflasche
  und / oder Coladose
- PET-Wasserflasche
- Minz-Mentos

Knallbunte Überraschung

Einfach, aber ganz schön pfiffig: Ein Zimmer voller Luftballons!

Warnung: Kleine Kinder und Haustiere können schlaff gewordene oder geplatzte Ballons verschlucken und daran ersticken. Wenn ihr also sehr viel jüngere Geschwister oder Tiere im Haus habt, achtet darauf, dass am Ende alle Ballons und Ballonreste entsorgt werden. (Oder ihr sucht euch sicherheitshalber lieber einen anderen Scherz aus.)

Egal, wie stressig der Tag war – bei diesem Anblick muss jeder lachen: ein Raum, der von bunten Luftballons überquillt! Wie viele Ballons ihr dafür insgesamt aufblasen müsst, könnt ihr euch vorher ausrechnen: Ein Ballon hat einen Durchmesser von etwa 20 cm und ist etwa 40 cm hoch. Wenn ihr sie also nicht zu stramm packt, braucht ihr pro Quadratmeter Boden 10 Ballons. In einem Zimmer von 9 Quadratmetern sind das immerhin schon 90 Ballons – unterschätzt also nicht das nötige Lungenvolumen und besorgt euch besser eine Luftballonpumpe aus dem Spielwarengeschäft (es gibt manuelle und elektrische – die elektrischen sind natürlich ziemlich unsportlich, für große Räume aber ein Segen!). Optimal ist es, wenn ihr gleich zwei Pumpen ersteht.

So geht's:

Blast die Ballons auf und verteilt sie im Zimmer. Ganz besonders gut funktioniert der Scherz in kleineren Räumen mit einer sich nach außen öffnenden Tür, z. B. im Badezimmer. Füllt das Zimmer vorsichtig Schicht für Schicht mit den Ballons. Um zu verhindern, dass sie ständig wieder zur Tür herausfliegen, stellt ihr irgendeinen breiten Gegenstand (eine Kiste oder Ähnliches) quer vor die Tür. Zum Schluss müsst ihr nur noch das Zimmer schließen und abwarten. Wird die Tür geöffnet, geraten die Ballons in Bewegung, und der Auserwählte wird augenblicklich von einer bunten Woge erfasst.

Wem diese Idee zu bunt wird: Auch ein Wohnzimmer voller Luftballons sieht gleich viel fröhlicher aus. Im Nachhinein könnt ihr die Ballons zertreten oder wie wild im ganzen Haus verteilen …

Was ihr dazu braucht:

○ Mindestens
  99 Luftballons
○ Eventuell
  Luftballonpumpen

Ein hohler Klorollen-Scherz

Ohne Klopapier sitzt man ganz schön dumm da. Doch ganz besonders beschissen fühlt sich das an, wenn selbst vermeintlich volle Rollen nicht halten, was sie auf den ersten Blick versprechen ...

So geht's:

Scannt eine volle Klorolle ein und macht zwei Ausdrucke. (Alternativ könnt ihr sie auch vermessen, am Computer zwei hellgraue Kreise im gleichen Durchmesser erstellen und ausdrucken.) Schneidet die kreisförmigen Seitenansichten aus und klebt sie auf dünne Pappe. Schneidet nun auch die Pappe entsprechend kreisförmig aus. Sucht dann mithilfe eines Zirkels bei beiden Papp-Kreisen die Kreismitte (Papa weiß bestimmt noch aus dem Matheunterricht, wie das geht) und zeichnet aus dem Mittelpunkt einen kleineren Kreis im Durchmesser einer leeren Klorolle. Schneidet auch diese Kreise aus, sodass ein Loch in der Mitte der Papp-Kreise entsteht. An eines der Löcher klebt ihr eine leere Klorolle.

Schneidet dann ein längliches (rechteckiges) Stück Pappe aus, das so hoch ist wie eine Klorolle und etwas länger als der Umfang einer vollen Rolle. Außerdem benötigt ihr noch ein etwas kürzeres Papier-

Rechteck in derselben Höhe, das ihr einfach aus einem stinknormalen Blatt Papier ausschneiden könnt.

Klebt das Papp-Rechteck nun rundum an dem Papp-Kreis mit der leeren Rolle fest, Ende und Anfang sollten sich etwa 2 cm überlappen, dürfen aber nicht miteinander verklebt werden!

Reißt nun drei Blatt Klopapier ab, faltet die Blätter um das eine Ende des Papier-Rechtecks und klebt sie darauf fest. Auf die freie Seite des Papier-Rechtecks schreibt ihr eine Nachricht: z. B. „Haha, du bist am A…" oder „Reingelegt!". Schiebt die Nachricht mit der Klopapierseite nach vorn/außen durch den Schlitz der falschen Klopapierrolle.

Verschließt dann die noch offene Seite mit dem zweiten Papp-Kreis. Jetzt habt ihr einen kloapierrollengroßen Zylinder.

Reißt zum Schluss etwa 20 Blatt von der richtigen Klopapierrolle ab, klebt das erste Blatt an eurer hohlen Rolle fest und wickelt die restlichen Blätter drum herum. Nun müsst ihr die Rolle nur noch in die Klorollenhalterung hängen und warten, bis jemand stinksauer vom „stillen Örtchen" nach euch ruft …

Was ihr dazu braucht:

- Leere Klorolle
- Volle Klorolle
- Scanner
- Dünne Pappe
- Papier
- Schere
- Zirkel
- Stift
- Klebestift / Flüssigkleber

Der Schweineschnauzen-Kaffeebecher

Keine Schweinerei, sondern ein stubenreiner, aber sehr lustiger Streich, bei dem ihr selbst gleich mitquieken könnt: der Schweineschnauzen-Kaffeebecher!

So geht's:

Sucht euch im Internet oder aus einem Buch ein schönes Farbfoto einer Schweineschnauze. Kopiert das Bild in Farbe oder druckt es auf einem Farbdrucker aus. Messt nun die breiteste Stelle der Schweineschnauze und danach den Boden von Mamas Lieblingskaffeebecher aus. Der Durchmesser des Bechers sollte etwas größer sein als der der Schweineschnauze. (Wenn ihr gleich mehrere Becher mit Schweineschnauzen schmücken wollt, fertigt direkt Kopien oder weitere Ausdrucke der Schnauze in den entsprechenden Bechergrößen an.) Schneidet die Schweineschnauze dann aus und klebt sie mit doppelseitigem Klebeband von unten gegen den Becherboden. Achtet dabei auf die richtige Ausrichtung: Wenn euer Opfer Rechtshänder ist, sollte der Henkel des auf den Kopf gestellten Bechers auf der linken Seite sein – in dieser Position könnt ihr die Schweineschnauze richtig herum (so, dass das Schwein in eure Richtung schauen würde) aufkleben. Fertig. Jetzt braucht ihr den Becher nur noch in den Küchenschrank

stellen und warten, bis er von allein benutzt wird. Oder ihr bietet Mama an, ihr einen leckeren Kaffee zuzubereiten …

Setzt sie zum Trinken an, könnt ihr euch kringelig lachen! Noch viel lustiger wird es aber, wenn ihr selbst auch einen entsprechenden Becher für euch vorbereitet habt – entdeckt Mama *eure* Schweineschnauze, wird gleichzeitig klar, wie die Unterseite ihres eigenen Bechers aussieht … (Vorsicht, Lachen ist ansteckend! Es kann euch passieren, dass ihr vollgeprustet werdet!)

Was ihr dazu braucht:

o Lustige Schweineschnauzenabbildung(en)

Süßer Schnürsenkel-ersatz

Lustige Lakritzschnecken-Schuhe

Trägt jemand in eurer Familie vielleicht Schuhe mit schwarzen Schnürsenkeln? Perfekt! Dann kannst du nämlich ohne großen Aufwand einen schönen Schabernack treiben! (Papas ist das Lesen der folgenden Anleitung übrigens strengstens verboten!)

So geht's:
Schnapp dir Papas Schuhe und zieh die schwarzen Senkel heraus. Roll nun eine Lakritzschnecke ab und iss sie auf. Roll danach gleich eine zweite Schnecke ab und fädele sie anstelle des Schnürsenkels durch die Ösen. Wenn du Lust hast, kannst du das Ganze beim zweiten Schuh wiederholen, aber der Gag wird dadurch nicht besser – außerdem kannst du mit nur einem präparierten Schuh eine ganze Schnecke mehr verputzen!

Warnung: Du solltest auf keinen Fall vergessen, wo du den Originalschnürsenkel deponiert hast, denn der wird irgendwann frühmorgens ganz sicher in größter Eile gesucht. Wenn er dann nicht auffindbar ist, kann leicht die Stimmung kippen, und das war's mit dem Spaß! …

Um schlechte Laune zu vermeiden, bietet es sich an, ein paar Lakritzschnecken aufzuheben, die dem Opfer zur Wiedergutmachung angeboten werden können – denn die aus dem Schuh mit Käsegeschmack will bestimmt keiner mehr essen!

Was du dazu brauchst:

- Schuhe mit schwarzen Schnürsenkeln
- Lakritzschnecken

Das modifizierte Bananenwunder

Die Erbinformationen vieler Pflanzen werden im Labor verändert, damit z. B. die Ernte größer ausfällt. Die Pflanzen bzw. ihre Früchte werden also perfekt an die menschlichen Bedürfnisse angepasst. Genau wie unsere modifizierte Häppchen-Banane ...

Bei diesem Streich präpariert ihr eine in mundgerechte Häppchen vorgeschnittene Banane, ganz ohne ihre Schale aufzureißen. Der Gag funktioniert aber nur, wenn mindestens eine Person bei euch im Haushalt gern Bananen isst, ansonsten weckt ihr zu viel Misstrauen ...

So geht's:

Beim ersten Versuch solltet ihr eine einzelne Banane vorbereiten, später könnt ihr auch einen gesamten Strunk Bananen „modifizieren". Fürs Zerschneiden benötigt ihr eine Stecknadel. Sie sollte länger sein, als die Banane dick ist. Wascht die Stecknadel mit Seife und stecht sie dann einige Zentimeter vorm Bananenstrunk durch die Schale (Vorsicht: nicht zu tief stechen, sie sollte auf der anderen Seite nicht wieder rauskommen). Bewegt die Nadel nun vorsichtig ein wenig nach rechts und links. Eine leichte Sägebewegung (auf und ab) kann hilfreich sein. Beim ersten Herausziehen drückt ihr die Nadel in die eine,

beim zweiten in die andere Richtung. Stecht dabei immer in dasselbe Loch in der Schale und drückt und zieht so lange, bis ihr keinen Bananenwiderstand mehr spürt – nun ist sie innen durchgeschnitten. Das Ganze wiederholt ihr etwa alle 3 cm.

Anschließend könnt ihr die Banane mit einem Küchentuch abwischen, in den Obstkorb zurücklegen und abwarten. Wenn eure Geduld am Ende ist, könnt ihr das Ganze auch beschleunigen, indem ihr z. B. verkündet, dass ihr heute im Supermarkt eine besonders leckere neue Bananenzüchtung gekauft habt. Drückt eurem Opfer die Frucht in die Hand und lacht euch bananenkrumm, wenn die Verblüffung groß ist, weil die Bananenstückchen schön vorgeschnitten aus der Schale kullern …

Was ihr dazu braucht:
- Bananen
- Stecknadel

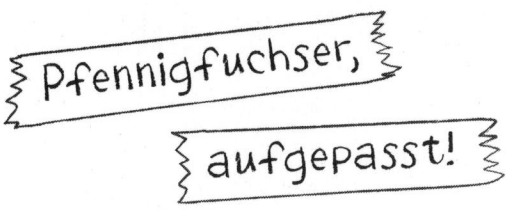

Der gute alte Münzentrick

Ein Klassiker, und das aus gutem Grund: Auf diesen Trick fällt jeder einmal rein!

So geht's:

Klebt eine Münze mit Sekundenkleber auf den Gehweg. Setzt euch dann in einiger Entfernung auf eine Bank und behaltet die Stelle möglichst unauffällig im Auge. Mal schauen, wer sich als Erstes bückt und versucht, euren Bodenschatz aufzuheben … Je länger ihr euch das Lachen dann verkneifen könnt und auf eure frustrierten Opfer wirkt, als hättet ihr mit der Sache nichts zu tun, desto besser. Wenn ihr doch losprusten müsst, seid besser darauf vorbereitet, schnell abzuhauen!

Was ihr dazu braucht:
- Münze
- Sekundenkleber

Noch mal davongekommen? Dann sucht euch doch direkt eine neue Bank und klebt eine weitere Münze auf den Weg. Und das schöne Spielchen kann von Neuem beginnen!

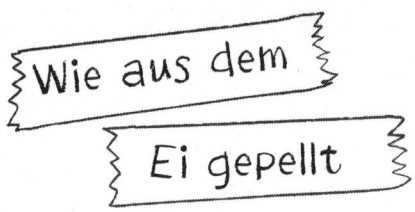

Der schalenlose Eier-Scherz

Ich glaub, mein Ei hat sich gepellt! Ungekochte, glibberige Eier ohne Schale – wie funktioniert das denn? Ein spannendes Experiment oder ein verblüffender Streich, wenn du einen ganzen Sechserpack Eier im Kühlschrank durch schalenlose Exemplare ersetzt ...

Im Inneren eines jeden piepsnormalen Hühnereis ist ein dünnes Häutchen, das man gewöhnlich beim Pellen direkt mit der Schale abzieht. Bleibt es aber heile, hält es Eiweiß und Eigelb zusammen. Der Trick ist also, Eierschale und Häutchen vorsichtig voneinander zu trennen. Da die Schale sehr kalkhaltig ist, lässt sie sich in Essig leicht auflösen – so kommt ein nacktes Ei zum Vorschein, ganz ohne zu zerfließen.
Das Experiment ist für sich genommen schon interessant. Doch wenn ihr genug Gläser, Eier und Essig habt, könnt ihr daraus ganz einfach einen großartigen Streich machen: Präpariert gleich einen kompletten Sechserkarton Eier und stellt ihn dann, als wäre nichts geschehen, genau so wieder zurück in den Kühlschrank. Lustig wird es, wenn Mama ein Ei zum Kochen oder Backen rausnehmen möchte ...

Warnung: Die glibberigen Dinger kleben an der Pappe des Eierkartons und schmecken nach Essig – falls ihr also nicht auf euer Sonntagsei verzichten wollt, solltet ihr lieber noch eine Extrapackung in Reserve haben.

So geht's:

Legt die Eier vorsichtig in alte Marmeladengläser (zur Not tun's auch Wassergläser). Gebt weißen Essig hinzu, bis die Eier vollständig bedeckt sind. Die Eierschale wird nun vom Essig zersetzt, dabei steigen Bläschen auf, und es bildet sich Schaum. Nach etwa 24 Stunden vorsichtig den Essig auswechseln, abgießen und neu auffüllen. Wenn dabei etwas Schaum im Glas zurückbleibt, ist das nicht schlimm. Nach zwei Tagen (bei besonders dickschaligen Eiern mitunter auch drei) ist die Schale verschwunden. Nun könnt ihr den Essig abgießen und das nackte Ei behutsam aus dem Glas rollen. Natürlich dürft ihr euch beim Vorbereiten auf keinen Fall erwischen lassen. Und genauso wenig solltet ihr den Eiertanz eures Scherzopfers verpassen!

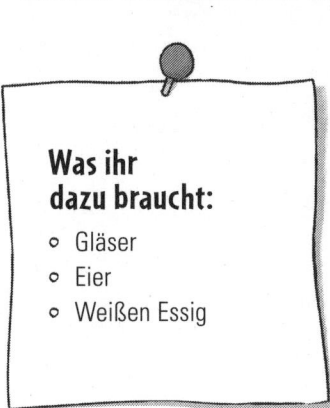

Was ihr dazu braucht:

- Gläser
- Eier
- Weißen Essig

Kochen
und Naschen

Spiel, Spaß und Nascherei

Dass sie Kinder froh machen (und Erwachsene ebenso), ist allgemein bekannt. Auch dass es Gummi-„Bärchen" schon lange nicht mehr nur in Bärchen-Form gibt, weiß mittlerweile jedes Kind. Doch mit dieser speziellen Variante könnt ihr ganz bestimmt noch überraschen!

So geht's:

Um Gummi in Legosteine zu verwandeln, braucht ihr eine Lego-Negativform, also eine Form, in der legosteingroße Lücken sind. Die gießt ihr am besten mit Silikon. Dafür steckt ihr Legosteine in jeweils einer Reihe Abstand auf eine mittelgroße oder große Legoplatte. Achtet dabei darauf, auch einen kleinen Abstand zwischen den einzelnen Steinen einer Reihe zu lassen. Den Rand der Platte müsst ihr mit Legosteinen höher „umzäunen", dazu könnt ihr einfach zwei Reihen Steine übereinanderstecken, und diesmal keine Lücken lassen. Nun müsst ihr das Silikon anmischen und langsam in die Umzäunung auf der Legoplatte gießen. Legt dazu ein paar alte Zeitungen unter die Platte, falls etwas danebengeht. Beim Einfüllen sollten möglichst wenige Luftblasen eingeschlossen werden. Das funktioniert besser, wenn ihr das Silikon nur an einer Stelle, und nicht in Schlangenlinien hineingießt, bis die Legosteine vollständig bedeckt sind. Tippt einige Male gegen die Auflaufform oder das Tablett, damit sich das Silikon setzt. Nun müsst ihr das Ganze mindestens 24 Stunden (bzw. nach Anleitung) aushärten lassen. Danach könnt ihr das Silikon aus der Form kippen bzw. das Lego-Positiv (die echten Legosteine) herausziehen. Bevor ihr die entstandene Silikonform benutzt, solltet ihr sie gründlich auswaschen.

Jetzt kommt der süße Part! Bereitet den Wackelpudding nach Packungsanweisung zu (normalerweise muss nur das Pulver in Wasser gerührt und erhitzt werden). Löst dann drei Blatt Gelatine (oder die entsprechende gemahlene Menge) in Wasser auf und gebt sie zum Wackelpudding-Mix. Fügt noch 500 mg Vitamin-C-Pulver hinzu, das sorgt für einen intensiven, leicht säuerlichen Geschmack. Wenn die Masse zäh und dickflüssig ist (ein bisschen wie Schlamm), könnt ihr sie in die Form füllen: entweder hineingießen, -löffeln oder die Masse in eine Spritze saugen und in die Form spritzen. Lasst eure Legosteine nun im Kühlschrank fest werden. (Wer Lust hat, baut in der Wartezeit etwas aus den ohnehin schon aus dem Schrank geholten Legosteinen.) Sind sie fest genug, könnt ihr die Gummi-Legosteine aus der Form drücken und am besten gleich probieren!

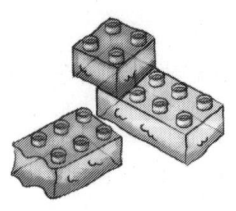

Wenn ihr noch eine weitere Farbe (und Geschmacksrichtung) Steine zubereiten wollt, könnt ihr die Mischverhältnisse je nach Geschmack verfeinern: Mit etwas mehr Vitamin-C-Pulver (mehr als 1500 mg solltet ihr jedoch nicht hinzugeben, sonst habt ihr einen supersauren Drop zu lutschen!) oder ein bisschen mehr Zucker.

Die fertigen Gummi-Legosteine könnt ihr dann toll dekorieren – am besten baut ihr den Kölner Dom oder das Tadsch Mahal daraus. Und wenn ihr euch an eurem Bauwerk sattgesehen habt, könnt ihr es direkt vernaschen!

Was ihr dazu braucht:

○ Lebensmittelechtes Silikon (Bastelbedarf, Baumarkt, Onlineshops)

○ Mehrere Sorten Wackelpuddingpulver

○ Pro Wackelpuddingsorte 3 Blatt weiße Gelatine (oder die entsprechende gemahlene Menge)

○ Vitamin-C-Pulver

○ Zucker

Ein Katzenklo-Kuchen

Dieser Nachtisch sieht aus, als hätte man ein Katzenklo auf den Esstisch gestellt. Eine perfekte Revanche, wenn ihr das echte immer sauber machen müsst – oder ein großartiges Mitbringsel an Halloween und auf Geburtstagspartys!

So geht's:

Backt einen Schokokuchen und einen hellen Kuchen (wenn ihr's ganz einfach haben wollt, findet ihr zu beidem auch Fertigmischungen). Welche Kuchenform ihr dafür benutzt, ist ganz egal. Bereitet zusätzlich einen Vanillepudding zu und stellt ihn kalt. Die Kekse müsst ihr portionsweise zerbröseln oder im Blender hacken (das Ergebnis sollen Krümel sein, bröselt sie also nicht zu klein). Stellt 3–4 EL der Keks-krümel beiseite, zu den restlichen gebt ihr einige Tropfen grüne Lebensmittelfarbe und mischt sie kräftig durch.

Sind die Kuchen abgekühlt, geht es krümelig weiter: Krümelt sie in eine große Schüssel und gebt dann die Hälfte der nicht eingefärbten Kekskrümel und einen Teil des Puddings hinzu (die Mischung sollte feucht, aber nicht schleimig sein). Die Masse füllt ihr nun wie Katzenstreu in eine Auflaufform.

Jetzt müsst ihr die eine Hälfte der Schoko-Karamell-Bonbons in der

Mikrowelle leicht erwärmen. Die warmen Bonbonenden könnt ihr vorsichtig spitz formen und die Bonbons leicht krumm biegen, sodass sie wie Katzendreck aussehen. Eure klebrigen Kunstwerke vergrabt ihr dann im Kuchen-Katzenstreu und bestreut sie mit einigen grünen Kekskrümeln. Nun erwärmt ihr die zweite Hälfte der Bonbons, formt sie in der gleichen Weise, legt sie oben auf die Kuchen-Katzenstreu und überstreut sie ebenfalls mit grünen Krümeln.

Fertig ist der köstliche Katzenklokuchen! Um ihn stilecht zu servieren, packt ihr statt eines Löffels eine (saubere!!) Plastikschaufel hinein. Mama werden die Augen aus dem Kopf fallen!

Zutaten:

- 1 Backmischung Schokoladenkuchen,
  1 Backmischung heller Sandkuchen
  (für die Fertigmischungen werden
  ggf. noch weitere Zutaten benötigt)
- 2 Päckchen Vanillepuddingpulver
  (auch für den Pudding benötigt
  ihr noch weitere Zutaten)
- 1 Packung helle Kekse mit Cremefüllung
- Einige Tropfen grüne Lebensmittelfarbe
- 1 Tüte Schoko-Karamell-Bonbons

Vegetarisch und superlecker

Ein kleines Pöttchen, befüllt mit Erde, mittendrin ein Pflanzenspross. Hübsch anzusehen – Mama wird es ganz bestimmt gefallen! Noch viel mehr, wenn sie rausbekommt, dass sich dahinter ein köstliches Dessert verbirgt! Das Leckerste daran? Die schokobraune „Erde"!

So geht's:

Verrührt Zucker, Maisstärke, Kakaopulver und zwei Prisen Salz in einer Pfanne. Vermischt dann Sahne, Milch und Vanille in einer Schüssel. Nun könnt ihr 250 ml der Sahne- zur Zuckermischung gießen und einrühren, bis sich die Maisstärke aufgelöst hat. Jetzt die restliche Sahnemischung hinzugießen und glatt rühren. Unter Rühren erhitzen und 5 Minuten köcheln lassen, bis die Masse dickflüssig wird. Die Hitze herunterschalten, die Schokolade hinzugeben und etwa 1 Minute unter Rühren schmelzen lassen. Nehmt die Pfanne dann von der Herdplatte. Gebt den Minzextrakt und die Butter hinzu und rührt die Masse gut durch, bis die Butter geschmolzen ist. Jetzt zügig in vier kleinere Gläser füllen, dabei aber bis zum Rand mindestens 2 cm Platz lassen. Die Gläschen dann für etwa anderthalb Stunden kalt stellen.

Kurz vor dem Servieren die Waffeln zerbröseln. Den Pudding mit 1 EL „Erd-Dreck" (zerstoßene Waffeln) bedecken und einen Minzzweig „hineinpflanzen". Wer es gerne ein bisschen eklig mag, kann noch Gummi-„Regenwürmer" mit dem Schwanz voran in den Pudding stecken und „aus der Erde gucken" lassen.
Die Pöttchen schließlich gut gekühlt servieren und genießen!

Zutaten:

- 250 g Zucker
- 3 TL Maisstärke
- 2 TL ungesüßtes Kakaopulver
- Salz
- 250 ml süße Sahne
- 250 ml Milch
- Mark einer halben Vanilleschote
- 150 g Halbbitter-Schokolade
- ½ TL Minzextrakt (oder wenige Tropfen Minzöl)
- 30 g Butter in Flöckchen oder kleinen Stückchen
- 10 Schokowaffelkekse
- 4 Minzzweige
- 4 Gummiwürmer

Schokoriegel selber backen

Auch wenn man eigentlich schon pappsatt ist – für einen Schokoriegel ist immer noch Platz! Besonders lecker sind natürlich die altbekannten: Snickers, Twix und Co. Noch besser schmecken sie nur selbst gemacht. Probiert es doch einfach mal aus!

So geht's:

Riegel-Rezept Nr. 1: Der mit den vielen Nüssen …

Legt eine Auflaufform mit Frischhaltefolie aus. Erhitzt dann 200 g Schokolade, 50 g Karamellbonbons und ⅓ der Erdnussbutter in einem mikrowellenfesten Behälter langsam in der Mikrowelle (am besten in 20-Sekunden-Intervallen). Rührt zwischendurch um, damit die Masse gleichmäßig warm wird. Lasst euch Zeit – wenn die Schokolade verbrennt, müsst ihr leider alles wegschmeißen. Gießt die flüssige Masse dann in die Auflaufform, streicht sie glatt und lasst sie im Kühlschrank erkalten. Jetzt 55 g Butter, 225 g Zucker und 60 ml der evaporierten Kondensmilch in einem Topf schmelzen und unter Umrühren bis zum Köcheln erhitzen. Das Ganze vom Herd ziehen und Vanilleextrakt, ⅓ Erdnussbutter und Marshmallows hinzugeben. Lasst die Zutaten unter Umrühren schmelzen und danach wieder etwas abkühlen. Gießt sie nun auf die Schokoschicht in der Auflaufform, streicht sie glatt und

stellt die Form wieder kühl. Anschließend den Rest der Kondensmilch, die restliche Butter und die weichen Karamellen in einem Topf schmelzen, vom Herd ziehen und grob gehackte Erdnüsse unterrühren. Die Masse wiederum in die Auflaufform gießen, glatt streichen und in den Kühlschrank stellen. Nun auch den Rest Schokolade, Karamellbonbons und Erdnussbutter wie zu Anfang erhitzen, in die Form gießen und kalt stellen.

Nachdem die Schichten abgekühlt sind, könnt ihr sie mitsamt der Frischhaltefolie aus der Form heben und die Folie abziehen. Mit einem scharfen, schweren Messer die Kanten begradigen (dabei darf genascht werden!) und die harte Masse in schokoriegelgroße Quader schneiden. Wer möchte, bereitet noch etwas mehr von der Schokomischung zu und taucht auch die Seiten der Riegel hinein – das sieht nicht nur besser aus, sondern schmeckt auch gleich viel schokoladiger! Die Schokoriegel könnt ihr zwischen Backpapier in einem luftdichten Behälter im Kühl- oder Gefrierschrank aufbewahren. Weil Stabilisatoren fehlen, sind die Riegel bei Zimmertemperatur etwas weich, aus dem Kühl- oder Gefrierschrank aber exzellent!

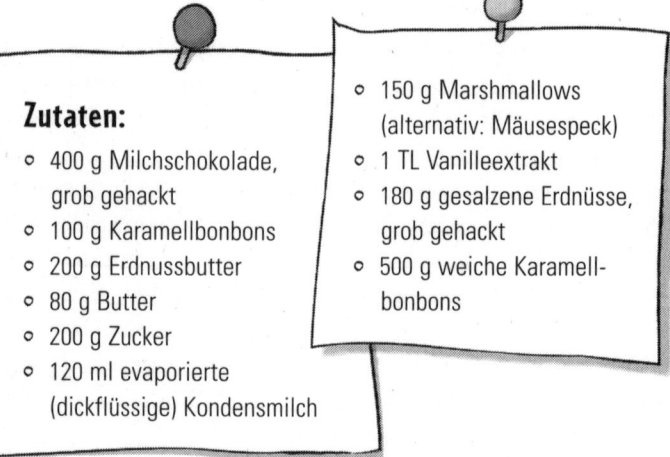

Zutaten:

- 400 g Milchschokolade, grob gehackt
- 100 g Karamellbonbons
- 200 g Erdnussbutter
- 80 g Butter
- 200 g Zucker
- 120 ml evaporierte (dickflüssige) Kondensmilch
- 150 g Marshmallows (alternativ: Mäusespeck)
- 1 TL Vanilleextrakt
- 180 g gesalzene Erdnüsse, grob gehackt
- 500 g weiche Karamellbonbons

Riegel-Rezept Nr. 2: Der karamellig Krümelige …

Zuerst müsst ihr Butter und Zucker mit dem Mixer schaumig schlagen. Dann das Ei hinzugeben, weiterschlagen und den Vanilleextrakt, Mehl und Salz hinzufüllen. Weiterrühren und kneten, den Teig zu einem Ball formen, in Klarsichtfolie einschlagen und mindestens 30 Minuten im Kühlschrank ruhen lassen. Den Backofen könnt ihr schon mal auf 150 Grad vorheizen.

Den „ausgeruhten" Teig legt ihr dann auf ein Stück Backpapier, rollt ihn auf Backblechgröße aus und schiebt ihn für 20 – 30 Minuten in den Ofen. Nach 12 Minuten könnt ihr das Backpapier um 180 Grad drehen, sodass die vordere und hintere Seite gleichmäßig braun werden.

Nun gebt ihr die Karamellbonbons, Milch und Salz in eine Schüssel, erhitzt sie in der Mikrowelle und rührt zwischendurch (etwa im Minutentakt) um, bis die Masse zähflüssig geschmolzen ist. (Wenn ihr nur harte Karamellbonbons bekommen konntet, gebt einfach etwas mehr Milch hinzu.) Dann die Karamellmasse über den gebackenen Teig gießen und auskühlen lassen. Sobald die Masse gehärtet ist, könnt ihr den überzogenen Teig in Stücke schneiden (ca. 1 × 5 cm).

Last, but not least die Schokolade in der Mikrowelle schmelzen (wieder im Minutentakt zwischendurch umrühren) und die Karamellkekse in die Schokolade tunken. Danach müsst ihr sie für mindestens eine Stunde auf Backpapier abkühlen lassen. Auch diesen Riegel solltet ihr zwischen Backpapier in einem luftdichten Behälter im Kühlschrank aufbewahren.

Tipp: Werft bei eurem nächsten Supermarktbesuch mal einen Blick auf die Zutatenliste eures Lieblingsriegels. Für Riegel-Bäcker ist das ganz besonders spannend, denn hier kann man sich die eine oder andere Zutat für die eigene Spezialkomposition abschauen.

Zutaten:

- 225 g ungesalzene Butter
- 85 g Puderzucker
- 1 Ei
- 1 TL Vanilleextrakt
- 250 g Mehl
- ½ TL Salz
- 450 g weiche Karamellbonbons
- 2 EL Milch oder Sahne
- 1 Prise Salz
- 240 g Milchschokolade, grob gehackt

Selbst gemacht schmeckt's doppelt lecker

Am besten schmeckt eine Currywurst mit einer großen Portion Pommes als Beilage – beides könnt ihr ganz einfach selber brutzeln. Die ganze Bude riecht hinterher zwar nach Frittenfett, aber die Hauptsache ist doch: Es ist wahnsinnig lecker und macht riesig Spaß!

So geht's:

Besonders gut schmecken Wurst und Fritten so richtig schön heiß. Damit die Wurst später lange warm bleibt, schiebt am besten schon mal eure Teller in den Backofen und wärmt sie bei etwa 50 Grad vor.

Dann könnt ihr loslegen, jede Menge Kartoffeln zu schälen und in kleine Stifte zu schneiden. Anschließend das Frittierfett im Wok schmelzen und erhitzen. Steckt am besten den Stil eines Holzlöffels hinein – wenn sich Bläschen bilden, ist die Temperatur perfekt.

Gebt nun portionsweise die Kartoffelstifte in das Fett und frittiert sie einige Minuten. Dabei solltet ihr ab und zu den Wok schwenken oder das Fett mit dem Kochlöffel umrühren, damit die Pommes nicht aneinanderkleben. Wenn sie euch gut durch erscheinen, könnt ihr sie herausschöpfen und in einem Küchensieb abtropfen lassen.

Warnung: Fett spritzt – das kann ins Auge gehen und richtig wehtun! Haltet also besser ein bisschen Abstand und schaut nicht direkt in den Wok.

Bevor ihr die Würste in das Fett schmeißt, solltet ihr die Temperatur erneut überprüfen. In den Wok passen maximal zwei Currywürste gleichzeitig – legt sie vorsichtig in das heiße Fett und frittiert sie, bis sie goldbraun sind, dabei ggf. wenden. Dann könnt ihr die Würste herausnehmen und abtropfen lassen.

Um euer Festmahl perfekt zu machen, gönnt den Pommes ein erneutes Bad im Fett und frittiert sie noch eine weitere Minute. Der zweite Durchgang macht sie besonders knusprig!

Legt nun die Currywürste auf die vorgewärmten Teller. Wenn ihr Lust habt, könnt ihr sie auch direkt in kleine mundgerechte Stückchen schneiden. Füllt euch daneben einen dicken Berg Pommes auf und salzt Wurst und Fritten. Nur noch großzügig Curryketchup (oder normalen Ketchup + etwas Currypulver) auf oder neben die Wurst geben – dann heißt es Essen fassen und in vollen Zügen genießen!

Zutaten:

- 1 kg Frittierfett
- 2 Currywürste
- 500 g Kartoffeln
- Curryketchup
  (oder einfach
  selber mixen:
  Ketchup + Currypulver)

Das Fett könnt ihr, sobald es leicht abgekühlt ist, in eine Schale füllen, einige Wochen im Kühlschrank aufbewahren und für die nächste Portion Pommes wiederverwenden. Achtet mal darauf, wie wenig Fett nach dem Frittieren nur noch übrig bleibt ... Die Pommes haben es also ganz schön in sich!

Holt euch das Kino ins Wohnzimmer

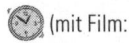 (mit Film:)

Draußen regnet es, euch ist langweilig, und am liebsten würdet ihr den ganzen Tag auf dem Sofa fläzen? Oder ihr seid begnadete Film- und Popcornfans? Dann nichts wie los! Besorgt euch einen oder gleich zwei gute Streifen und schmeißt die Popcorn-Produktion an.

Popcorn, auch „Puffmais" genannt, wird aus speziellem Pop-Mais gemacht („corn" ist englisch und heißt „Mais" und nicht „Korn" oder „Getreide", womit es oft verwechselt wird). Die Körner sind viel härter als die von normalem Gemüsemais, den man gekocht vom Kolben knabbern oder aus der Dose in den Salat kippen kann.

Die Puffmaiskörner bestehen zu etwa zehn Prozent aus Wasser. Wird der Mais erhitzt – in einem Topf oder einer Popcornmaschine –, dehnt sich das Wasser im Korn aus. Seine Schale ist jedoch sehr hart und kann sich nicht ebenfalls ausbreiten. Weil der Druck des Wassers immer größer wird, platzt sie irgendwann. Denn bei knapp 200 Grad benötigt Wasser(dampf) etwa 2.000-mal mehr Raum als bei 20 Grad Raumtemperatur. Das Popcorn wird sozusagen von innen nach außen gekrempelt (wie Socken, wenn man sie schlampig auszieht). Die amerikanischen Ureinwohner glaubten deswegen, dass in jedem

Maiskorn ein kleiner Dämon wohnt. Erhitzt man sein Haus, wird er wütend, hopst zornig herum, schlägt schließlich das Dach ein und verschwindet.

Und warum werden die gelben Maiskörner plötzlich weiß? Ganz einfach darum, weil sich in ihrem Inneren feinkörnige Stärke befindet. Die Stärke nimmt einen Teil des Wasserdampfs auf und verkleistert dadurch. Platzt das Korn schließlich, schießt die aufgequollene Stärke daraus hervor wie Rasierschaum aus der Dose. Das Wasser verdampft superschnell, der Schaum wird fest – und fertig ist das Popcorn!

Leider schmeckt gepuffter Mais allein aber ziemlich fade. Behält man ihn etwas länger im Mund, wird sein Geschmack zwar leicht süßlich, weil die Stärke in Zucker umgewandelt wird. Richtig gut wird Popcorn jedoch erst mit etwas Butter, Salz oder Zucker. Es gibt aber auch noch ausgefeiltere Rezepte, die sich wirklich lohnen!

So geht's:

Süß und salzig

Vermengt entweder Zucker oder Salz mit 2 EL Wasser, gebt den Popcornmais hinzu und rührt das Ganze kräftig durch. Gießt dann etwas Pflanzenöl in eine Pfanne oder einen Topf, füllt die Popcornmischung hinein, setzt den Deckel drauf und erhitzt die Masse auf hoher, aber nicht auf höchster Stufe (z. B. auf Stufe 8 von 10). Während des Poppens solltet ihr den Topf ab und zu schütteln, sonst brennt das Popcorn an. Wenn das Knallen sich deutlich verlangsamt, könnt ihr den Topf vom Herd ziehen, das Popcorn in eine Schüssel umfüllen und ausdampfen lassen. Danach

Zutaten:

- 70 g Popcornmais
- 2 EL Zucker/1 TL Salz
- 2 EL Pflanzenöl
- Nach Belieben:
  50 g geschmolzene Butter

sortiert ihr die ungepoppten Körner aus und nehmt die leckeren Ge-
poppten mit aufs Sofa! Wer mag, kann noch etwas geschmolzene Butter darübergießen. Mmhhh!

Honig-Karamell-Popcorn
Für dieses besonders süße Popcorn müsst ihr die Maiskörner
wie im Rezept zuvor in einem Topf
mit Öl poppen lassen. (Alternativ
funktioniert es auch in einer Popcornmaschine mit Heißluft, oder ihr
kauft direkt Mikrowellenpopcorn.)
Verteilt das Popcorn dann auf einem

Zutaten:
- 70 g Popcornmais
- 2 EL Pflanzenöl
- 2 EL Honig
- 10 EL Zucker

mit Backpapier ausgelegten Backblech. Erwärmt Honig und Zucker in
einem Topf bei mittlerer Hitze und rührt die Masse dabei um, bis sie
leicht schaumig wird. Nun könnt ihr sie über das Popcorn gießen. Vorsicht: Die Karamellmasse kann sehr heiß werden. Passt auf, dass ihr
euch nicht verbrennt! Jetzt ab vor den Fernseher, Popcorn naschen!

Asia-Popcorn
Lasst das Popcorn in Sesamöl und
Chiliöl poppen, füllt es in eine
Schüssel um und streut je nach
Geschmack etwas (Knoblauch-)
Salz darüber. Besonders knackig
wird's, wenn ihr auch noch eine
Handvoll Nüsse oder Mandeln
daruntermischt (ebenfalls nach
dem Erhitzen). Jetzt müsst ihr nur
aufpassen, dass ihr vor lauter le-
ckerem Crunchen noch etwas
von dem Film mitbekommt!

Zutaten:
- 70 g Popcornmais
- 40 ml Sesamöl
- Knapp 10 ml scharfes
  Chiliöl
- Nach Belieben:
  (Knoblauch-)Salz,
  Nüsse oder Mandeln

Schoko-Popcorn

Den Popcornmais in Pflanzenöl poppen lassen und danach auf einem mit Backpapier ausgelegten Backblech ausstreuen. Dann Butter, Zucker, Maissirup und Milch in einem Topf langsam erhitzen, bis die Butter geschmolzen ist. Zieht den Topf nun vom Herd. Die Halbbitter-Schokolade hineingeben, gut verrühren und schmelzen lassen. Gießt die Schokomasse anschließend möglichst gleichmäßig über das Popcorn und backt es 15 Minuten bei 150 Grad im Backofen, bis es schön knusprig ist!

Zutaten:
- 70 g Popcornmais
- 3 EL Pflanzenöl
- 2 EL Butter
- 50 g Zucker
- 2 EL Maissirup
- 1 EL Milch
- 60 g Halbbitter-Schokolade

Brutzelt ein Dinner
für die ganze Familie

Wann habt ihr das letzte Mal alle zusammen an einem Tisch gesessen? Wenn es nicht gerade gestern oder vorgestern war, dann ist es doch endlich mal wieder Zeit für ein großartiges gemeinsames Dinner! Aber was könntet ihr kochen?

Es gibt viele sehr leckere Rezepte, die garantiert schon beim ersten Mal gelingen! Zum Beispiel Pfannkuchen oder Nudeltortilla und zum Nachtisch ein Eis aus der Truhe.

So geht's:

Pfannkuchen

Für zwei bis drei Pfannkuchen 1 Ei, 100 ml Milch, 2 EL Zucker und 100 g Mehl verquirlen. Etwas Öl oder Butterschmalz in der Pfanne erhitzen, eine kleine Kelle Teig einfüllen, den Pfannkuchen nach 2 bis 3 Minuten wenden und von beiden Seiten goldbraun backen. (An die besonders elegante Drehung in der Luft sollten sich besser nur geübte Pfannkuchenbäcker wagen, einfacher geht's mit einem simplen Pfannenheber.) Die fertigen Pfannkuchen könnt ihr entweder direkt auf die Teller verteilen und verputzen, oder ihr haltet sie im Backofen warm, bis alle fertig sind. So ist es entspannter, und die Bäcker können sich zum gemeinsamen Dinner dazugesellen. Nun nur noch Apfelmus, Schokocreme und Zimt und Zucker auf den Tisch stellen, sodass sich jeder seinen Pfannkuchen nach Lust und Laune verfeinern kann.

Genauso lecker wie die süße ist auch die pikante Alternative: Dafür müsst ihr beim Teig nur den Zucker weglassen, und schon kann man aus den Pfannkuchen herzhafte Wraps zaubern. Wie wäre es mit folgender Füllung: eine Avocado halbieren, den Stein herauslöffeln, die Avocado schälen und würfeln. Auch die Tomaten würfeln und einige Blätter Eisbergsalat klein schneiden oder reißen. Alle Zutaten zusammenmischen, salzen, mit etwas Zitronensaft beträufeln und jeweils 1 – 2 EL der Salatmischung in einen Pfannkuchen einwickeln.

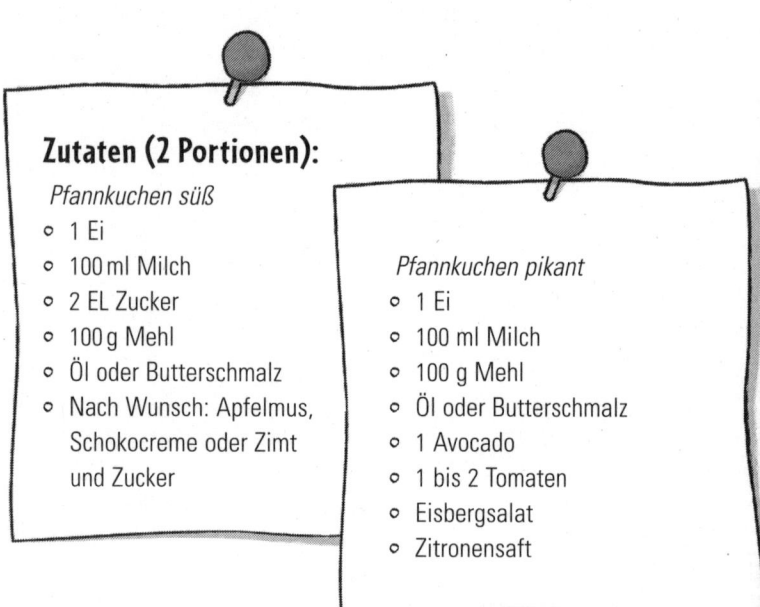

Zutaten (2 Portionen):

Pfannkuchen süß

- 1 Ei
- 100 ml Milch
- 2 EL Zucker
- 100 g Mehl
- Öl oder Butterschmalz
- Nach Wunsch: Apfelmus, Schokocreme oder Zimt und Zucker

Pfannkuchen pikant

- 1 Ei
- 100 ml Milch
- 100 g Mehl
- Öl oder Butterschmalz
- 1 Avocado
- 1 bis 2 Tomaten
- Eisbergsalat
- Zitronensaft

Nudeltortilla

Die typische Tortilla kommt aus Spanien und besteht hauptsächlich aus Kartoffeln und Eiern. Doch dieses Rezept ist speziell für Nudelfans: Heizt den Ofen auf 180 Grad vor und setzt Nudelwasser auf. Welche Nudelsorte ihr kocht, bleibt euch überlassen – besonders gut eignen sich jedoch Penne oder Fussili, da sie schön klein und kurz sind. Viertelt nun die rote Paprika, entkernt sie und schneidet sie in dünne Streifen. Dann die Zwiebel pellen und fein würfeln. Paprika und Zwiebel zusammen in einer beschichteten Pfanne (ohne Kunststoffgriff) etwa 5 Minuten bei mittlerer Hitze glasig dünsten. Dann den Käse grob reiben und mit der Milch, den Eiern, Salz und Pfeffer verquirlen. Die Hälfte der Eimasse mit den gekochten Nudeln, Paprikastreifen und Zwiebeln mischen, in die Pfanne geben und bei mittlerer Hitze etwa 2 Minuten stocken lassen. Die Pfanne dann für 35 Minuten in den Ofen schieben und garen lassen. 10 Minuten vor Schluss (also nach 25 Minuten Backzeit) könnt ihr die restliche Eimasse dazugeben.

Die fertig gebackene Tortilla in Tortenstücke schneiden und – wenn ihr Lust habt – mit einem grünen Salat servieren. ¡Buen provecho!

Ganz besonders chic: Pflückt im Garten schnell ein paar schöne Blümchen oder Gräser und stellt sie in einer Vase als Deko auf die Tischmitte. Und das perfekte Dinner kann beginnen!

Zutaten (2 Portionen):

- 250 g Nudeln
- 1 rote Paprika
- 1 Zwiebel
- 100 g Käse
- 100 ml Milch
- 5 Eier
- Salz, Pfeffer